JN100707

# 問いで紡ぐ

# 中学校 道徳科 授業づくり

國學院大學教授

田沼茂紀

［編著］

東洋館出版社

# はじめに

　令和新時代の幕開けと共に、中学校では元年度より「特別の教科　道徳」＝道徳科が全面実施されました。教科化されたことで道徳科教科書も導入され、それに伴って道徳科授業での生徒の学びについての学習評価も実施されるようになりました。生徒一人一人にとって、中学校生活は自らの人格形成におけるとても大切な時間でもあります。生徒は道徳科授業を通して道徳的価値を見つめ、人間を見つめ、他者との関わりを通して自分自身を見つめる貴重な場を得ることとなります。これまで、ともすると忙しさにかまけたり、道徳教育に無関心であったりして生徒が自らの生き方を考え学ぶ時間にできなかった教師も少なからずいたのが実態でした。そんな教師の皆さんに生徒と共に考え、学ぶ生き方学びの時間としての道徳科授業の意味を考えていただきたいと思って企画されたのが本書です。

　道徳科の前身である「道徳の時間」は昭和33（1958）年に特設され、義務教育諸学校の教科外教育・領域の時間として60年間に及ぶ足跡を刻んできました。しかし中学校では、「道徳の時間」そのものへの無理解や、生き方教育といった成績や進路等に関係しないという、教科指導とは異なる性格上の事柄が災いし、小学校での指導のように浸透してこなかった経緯があります。平成時代から令和時代へと時代の転換期と時を同じくしてわが国の道徳教育改革が実施されたのは、単なる偶然というよりもこれから始まる新たな時代がそのような教育改革を求めた結果ではないのかと思わずにはいられません。ならば、令和時代の道徳教育を牽引する「要（かなめ）」の時間となる道徳科授業はこれからどのように進化していけばよいのでしょう。本書ではそんな道徳科新時代の道標となるような提案を通して、確かな理論構築にもとづく実践的指導方法論を紹介していきたいと思います。

　現代社会は不透明・不確実な構造を有しています。半世紀の時を経て再度巡ってきたオリンピック、パラリンピックで大いに盛り上がっていた最中、

突如として新型コロナウイルスの猛威が世界を席巻しています。現代社会では想定外の出来ごとと同時に道徳的問題も同様に生じてきます。

今般の道徳科への移行転換に至る過程で注目されてきた道徳的資質・能力形成を前提とした道徳性の育成という視点は、このような時代的背景と全く無縁ではないと考えます。Society5.0 といった未来社会の到来も間近です。やはり、道徳教育の方法論も時代の推移と共に変化しなければならないと考えます。自分たちの道徳的日常生活の現実を直視し、それらに的確に対応することができる新時代にふさわしい道徳科授業の在り方を本書は検討していきます。もちろん、不易と流行といった視点も大切にしつつ新しい道徳科授業の在り方を提案するというのが本書の意図するところです。

本書を世に問うにあたり、道徳教育や道徳科授業の不易部分については、以下のように考えています。

世代を問わず、多くの人々から支持されている書の詩人相田みつを（1924-1991 年）氏の『道』と題する詩書作品の一部を引用・紹介させていただきながら、本書が真意とする部分に言及していきたいと思います。

　道は　じぶんでつくる

　道は　じぶんでひらく

いかがでしょうか。「ああ、確かにそうだ」「自分の一生も、自分の生き方も、それを創るのは自分でしかできない」と大いに納得されるのではないでしょうか。そんな自分自身の生き方や在り方に思いを致していると、相田氏はその後にこう続けてたたみ掛けてきます。

　人のつくったものは　じぶんの道にはならない

すばらしい紡ぎの言葉です。まさに道徳教育、特に道徳科授業のためのような書詩であると、作品を目にするたびに新たな感銘を受けます。

翻って、これを道徳科新時代の授業に当てはめて考えてみると、いくつかの大切な視点が見えてきます。取りまとめると、以下の 3 視点になります。

①自分の生き方を学ぶ必然として「問い」が不可欠である。

②自分の「問い」の解決には見通しのある学びの紡ぎが欠かせない。

③自分の本質的な「問い」は個別な問いを俯瞰<sub>ふかん</sub>してこそ見いだされる。

　本書が提案する道徳科授業理論は３点あります。先に述べた３視点を踏ま
えた方法論的な考え方、すなわち①「課題探求型道徳科授業」、②「パッケー
ジ型ユニット」、③「グループ・モデレーション」です。もっとキャッチコピー
的に述べれば、「子どもたちが受け身になる道徳授業から、子どもたちが動
き出す道徳科授業への提案」です。子どもたちは、道徳科授業を通してそれ
ぞれに自分の内面に道徳を創ります。子どもたちは自分の内なる道徳を発揮
してこれからの自分の人生を拓いていきます。世の大人たちがいくら押し付
けても、子どもたちは自分の創った道徳以外は「道標」として受け入れません。
本書が述べる道徳科教育学型授業改革理論、どうぞご賛同ください。


令和３年水無月　田沼茂紀

# INDEX

※採択教科書以外の使用については、学年・学校長の了解を得て実施

第1章

# 理論
## 編

# なぜ、いま道徳科授業に「問い」が必要なのか？

## 1 道徳は教えられるのか

　「はじめに」で紹介した相田みつを氏の詩書作品『道』に触れるたびに思い起こすのが、中学校学習指導要領第1章「総則」第1「中学校教育の基本と教育課程の役割」の2の(2)に述べられている1節です。

　そこには中学校教育における道徳教育の役割について、「人間としての生き方を考え、主体的な判断の下に行動し、自立した人間として他者と共によりよく生きるための基盤となる道徳性を養うことを目標とすること」とあります。まさに「道　じぶんでつくる」ことであり、「道は　じぶんでひらく」ことに違いありません。当然、そのような性質のものである以上は「人のつくったものは　じぶんの道にならない」ということになります。

　そんなイメージで道徳科の本来的な姿を探究していきますと「道徳は教えられない」と、やはりこんな結論に至ってしまいます。

　たとえば、古代ギリシャの哲学者として著名なソクラテス（紀元前469年頃～紀元前399年）は、他の都市国家から教えを請うて来訪した青年メノンに「人間の徳性というのは、はたしてひとに教えることができるものであるか」（『メノン』プラトン著／藤沢令夫訳　1994年　岩波文庫　p9）と尋ねられます。するとソクラテスは、徳に限らずどんな事柄であってもそれが教えられるものであれば必ずそれを教える教師がいるはずで、同時に学ぶ者もいなければならないと前置きします。そして、青年メノンに「誰か徳の教師がいないかと何度もたずねて、あらゆる努力をつくしてみたにもかかわらず、見つけ出すことができないでいることはたしかなのだ」（前掲書 p82）と、既に老境に至っているソクラテスがメノンに語りかけるのです。この両者のやりとりで、道徳教育の本質がすべて語られていると思います。

## 2 道徳的であるとはどういうことか

　古代ギリシャの哲学者ソクラテスと青年メノンとの対話から見えてくるのは、道徳は知識ではあるがそれは誰もが他者に教えることができない知識、換言すれば「個々の人間の内面に血肉化され形成される、生きて働く自分ごとの切実感の伴う知識」と言えるのではないでしょうか。

　確かに、他の知識のように頭で理解すればそれを即座に利活用できるようになるとは決してならないのが道徳です。生徒たちは小学校に入学する前から既に周囲の大人たちに「いのちはたった一つしかないから大切にしないといけない」「誰か困っている人がいたら優しく親切にするんだよ」「誰かに何かをしてもらったら『ありがとう』と感謝するのだよ」等々、たくさんの道徳的知識を身につけさせられて成長します。しかし、生徒たちの道徳的日常生活では友達に優しくするどころかけんかをしたり、平気で意地悪したりします。また、生命は尊いものなのに他の生き物の命を粗末にしたり、自分の生命を省みないような無謀な行動をしたりすることも日常茶飯事です。ならば、生徒が道徳を理解することと、中学校学習指導要領第3章「特別の教科　道徳」第1「目標」に示された「道徳的諸価値についての理解を基に」とは、どのような有意味的関連性をもって存在するのでしょうか。

　道徳的諸価値の理解なのですが、それが生徒の口を衝いて出たとしても本人自身が切実な自分ごととして主体的に理解し、日々実践しているのかと問うならば、とても心許ない思いに駆られるのではないでしょうか。他者に言われて何かをするとか、他者に嫌われたり叱られたりするからそうならないように何かをするというのは他律的な道徳性発達段階で、子ども自身の自律的意志による内面化された道徳的行為とは言いかねます。ならば、学校で道徳教育をするということの意味をどう考え、実践すればよいのでしょうか。

　「はじめに」で紹介した相田みつを氏の詩書作品『道』に記された「道はじぶんでつくる／道は　じぶんでひらく」、このような働きかけをする以外、実効性の伴う有効な道徳指導の手立てはないように思われます。その際、特に留意したいのは道徳を学ぶ生徒自身の自らに対する「問い」の重要性です。

## 3 道徳学びにおける「問い」の意味を考える

　人は誰しも自らの生きる道標、言い換えれば、道徳的思考・判断・行動のもととなる道徳的価値観をもっています。それはどのように形成されてきたのかと問うなら、本人自身の主体的な思考・判断結果と納得とによる取捨選択の伴う思考過程を経ることによって身につけられた固有の学びの結果です。幼児期や児童期前期あたりでは親や教師、周囲の大人の教えに他律的に従うようなことがあるかもしれませんが、自我の芽生えと共に自律的に道徳的諸問題を捉え、「望ましさについてのものの見方・感じ方・考え方」を確立して自らの道徳的思考・判断・行動のもととなる道徳的価値観を形成していきます。その道徳的価値観形成の際に何をさておいても不可欠なのが、生徒自身の切実なる「問い」なのです。自律的かつ具体的な目的となる「問い」がないところに自分ごととしての必然的な道徳学びなど生まれようもないのです。自らの生き方を求めて彷徨する「嵐の時代」の只中で納得解を見いだそうとする中学生にとって、自らへの切実なる「問い」がなければ何も始まりません。

**図1　道徳科における道徳学びの構造**

　また、自らの道徳的価値観形成を促進していくためには「道徳的資質・能力」を高めていく必要もあります。道徳的資質とは、人格形成に寄与する道徳性や社会性等の人格全体に関わる特性を意味します。道徳的能力とは、その道徳的資質を根幹の部分で支える思考力や判断力、道徳的態度等の思考ツールもしくは思考ツールを発揮するための認知的パーツとして機能します。だからこそ、道徳的資質・能力を育むためには、平成29（2017）年に告示された中学校学習指導要領で目指す資質・能力を形成するための基本方針となっている①「知識・技能の習得」、②「思考力・判断力・表現力等

の育成」、③「学びに向かう力・人間性等の涵養」という３要素による学力観、さらにはそれを実現する姿としての能動的な学びを可能にする授業改善指針となっている「主体的・対話的で深い学び」が重要なのです。

## 4 なぜ「問い」をもつと道徳的価値観形成が促進されるのか

　生徒がそれぞれに自らの道徳的価値観形成をしていくためには、学習指導要領「特別の教科　道徳」の目標に示されているように、道徳的諸価値についての理解をもとに、自分自身を見つめ、道徳的諸課題を多面的・多角的に考え、それを自身の生き方に収斂<sup>しゅうれん</sup>していけることが大切です。そのような道徳学びを実現するためには、自分が日々対峙している道徳的諸課題について自分ごととして「問い」をもって課題探求できる道徳学習＝「主体的・対話的で深い学び」でなくてはなりません。つまり、生徒一人一人が日々の道徳科授業を通して自ら感得できる「納得解」がもてるような主体的な学びを可能にする場を実現していくことが何よりも重要な要件なのです。

　そのためには、「考え、議論する道徳」を大切にしなければなりません。生徒たちは道徳的課題を他者と語り合うことを通して、多様な道徳的思考・判断が可能となります。しかし、大切なのはそこで得た自分とは異なるものの見方・感じ方・考え方をもう一人の自分と自己内対話することで、自分ごととして価値づけていくという事実です。自分が感得できた納得解は、そのまま自分の道徳的価値観として個の内面にしっかりと形成されていきます。ですから、道徳科授業においては他者との議論（語り合い）を通して自己内対話するきっかけをもてるようにしていくことが何よりも大切な手続きとな

**図２　価値観形成における他者対話と自己内対話の関係性**

るのです。

　本書ではまず、生徒がそれぞれの「道徳的問い」をもとに自己課題解決を目指して探求学習を進める課題探求型道徳科授業の考え方や、道徳科ではなぜそれが大切なのかという根源的問題を最初に提案していきたいと考えます。

## 5 ｜「問い」をもとに主体的に解決できる学習プロセスを創造する

　生徒自身が自分の道（価値観）を創り、その先に新たな道を拓いていくために必要な道徳的資質・能力をイメージし、それを形成できる道徳科授業を構想していくには、そこでの学習プロセスがとても重要になってきます。

　従前の「道徳の時間」では、設定した本時のねらいを効率的に達成していくという教師主導型の指導過程論が主流でした。ですから、①「学習者の思いに関係なく教師がねらい達成のために発問で引っ張る他律的な授業」、②「教材理解を通して他人ごとの価値理解を迫る授業」、③「学習成果を知識・技能面での理解に偏って評価するような授業」から脱却できず、生徒たちが教師の意図する模範解答探しに陥っているような面も多々見受けられました。ならば、生徒一人一人の主体的で自律的な「問い」をもとに展開する課題探求型道徳科授業は一体どうすれば実現できるのでしょうか。その視点としては、以下の３側面があると考えます。

■生徒の「問い」にもとづく課題探求型道徳科授業創りのポイント
　①道徳的諸課題解決のための課題意識を明確にもてるようにする。
　②教材を活用しながら自分ごとのリアルな価値理解を引き出す。
　③論理的思考力を育む学び方や学ぶ意欲を肯定的に育てる。

　まず教師は、生徒自身に道徳的課題意識（めあて）がないならば、決して自分ごとの道徳学びは生まれないことを自覚すべきです。ですから、教材中の登場人物の心情のみを捉えさせて他人ごとの価値理解を促すのではなく、教材活用をしながら自分の生活と直結した自分ごとのリアルな価値理解（自覚化）を引き出す授業を創っていく必要があります。次に、多様な視点から

多様な仕かけで生徒たちが相互に共有できる望ましさとしての価値理解（共通解）を図っていく必要があります。そして最後に、共通解として共有し合った道徳的価値に対する望ましさに照らし、自分はそれをどう理解してどう受け止めるのかという個としての自己省察にもとづく感得（納得解）を最終的に促すことが不可欠です。

**図3　課題探求型道徳科授業における学習プロセス**

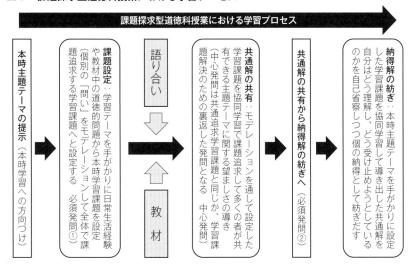

　図3のように課題探求型道徳科授業の学習プロセスは、本時学習への方向づけとして「主題テーマの提示」から始まります。

　その理由は、教師があらかじめ設定した主題のねらい達成にたどり着くための「学習課題としての問い」しか選択肢として用意されていなければ、生徒たちが「考え、議論する道徳」を実現することはできないからです。教師が自らの指導過程に固執する限り、生徒たちは他律的な学習者という立場から解き放たれることにはならないのです。ならば、教科学習における単元・題材学習のように「今日は友情について考えていきましょう」と本時の学習テーマを明示し、その考えを深めるための個々の学習課題意識を喚起し、それを整理して協同思考するための共通学習課題（学習のめあて）をきちんと設定する課題解決型学習スタイルにしていけばよいのです。主題によっては

多少異なる時間を費やすかもしれませんが、生徒を学びの主体者と位置づけた道徳科学習にできることに疑いの余地はありません。

　その際、個別の課題意識を共通学習課題へと整理し、考えるための論点（つまり「問い」）を明確化する手続きをモデレーション（moderation）といいます。このモデレーションなくして、生徒たちの共通の「問い」は生まれません。そこに、協同学習としての課題探求型道徳科授業の意味があります。生徒たちはそれぞれに個別の問いにもとづく学習課題意識をもっていたとしても、多面的・多角的な視点からそれを個人で深めていくためには限界があります。ならば、生徒は個々の「問い」の解決に向けてそれを深めるために他者と協同して追求する場が必要となってきます。その協同学習を実現するためには、個々の問いをモデレーションして設定した共通学習課題にもとづいて協同思考する必要があります。そこで多くの人が納得できる課題追求結果としての「共通解」を導き出すことができるからです。そこで得た共通解に照らして自らの「問い」を再吟味・検討するなら、最初に抱いた「問い」に対する道徳的なものの見方、感じ方、考え方を数段高い位置から俯瞰して自分自身が納得できる学習テーマへの「納得解」として紡ぐことができます。

　自らの生き方について日々思い、悩み、思索を繰り返す中学生固有の人格形成期における発達段階的特性を踏まえるなら、課題探求型道徳科授業での協同学習プロセスは生徒たちにとってとても意味深い学びの場となるのです。

### 6 「課題探求型道徳科授業」で生徒の価値観創造をどう促すか

　本書で提唱している課題探求型道徳科授業のゴールとなるのは、「主体的・対話的で深い学び」に総称される「生徒の主体的な道徳学習」、つまり「考え、議論する道徳科授業」の実現です。しかし、授業構想段階で方略的な手続きを踏まない限り、日常的に行うことはできません。図3は生徒たちの情意的な側面と行動的な側面を一体化することで、認知的かつ論理的な道徳思考を可能にしていくことを目指しています。ただ、道徳科授業の時間は50分しかありませんので、本書では生徒たちが全身全霊を打ち込めるような「探

究」ではなく、論理的思考プロセスを経ることでたどり着けるレベルの「探求型授業」を標榜しています。

では、そこに至るプロセスをどう整えればよいのでしょうか。

まずは論理的な道徳思考の道筋をたどる生き方学習としての「課題探求型道徳科授業」をイメージして授業構想していくことが肝要です。そのためには、中学校学習指導要領第3章「特別の教科　道徳」第1「目標」に示された内容にもとづく「道徳的諸価値についての理解を基に（論理的な価値概念理解）」⇒「自己を見つめ、物事を広い視野から多面的・多角的に考え（事実にもとづく理由づけのための道徳的思考・判断）」⇒「人間としての生き方についての考えを深める（自己理解にもとづく自らの道徳的価値観の表明）」という根拠にもとづいて学習展開できるようにしていく必要があります。

必然性のないところに、決して生徒の道徳学習課題追求は開始されません。だからこそ、生徒自身の道徳的問題に対する「問い」がなければならないのです。

すなわち、授業冒頭の導入で生徒たちが迷わないように「本時主題テーマ」を明示すべきなのです。たとえば、数学科授業の冒頭で「今日は方程式を利用して問題解決していこう」と明示することと同じです。そうでないと教師は「思いやり」をイメージして語っているのに、生徒たちは「友情」で捉えていたり、「公正さ」で捉えてしまっていたりするといった無用な混乱が生ずるからです。本時で目指すべきゴールを設定し、共有することは教師の役割です。言を俟ちませんが、主題テーマを出させたり、学習指導要領に示された内容項目の文言を生徒から引き出したりするのが本時学習のねらいであるといった授業理解ではいけないのです。

## 7 「問い」をどう共有して「共通解」「納得解」へと発展させるのか

### ①「問い」を共有するとは何か

生徒たちが道徳科授業で個々にもつ「問い」は、実に多様です。たとえば、教材『銀色のシャープペンシル』を用いて共通の道徳的追体験をさせても主人公に対するとらえ方は、「とっさに嘘をついたのは悪い」「健二にはやした

てられて本当のことが言えなかった気持ちもわかる」「卓也のつぶやきを聞いたときに素直にその場で謝れたのでは？」等々、それこそ十人十色です。それをモデレーションして各々の考え方を調整し、整理し、互いに合意させて「問い」にまとめ上げることは時間もかかり、むずかしいことです。ならば、生徒たちの日常生活場面での友達関係についての経験を話し合って、「軽い気持ちでやったことをすぐに謝れないようなことがあるのは、どうしてなのだろう？」と個々の経験を整理して共通学習課題を設定し、「今日の課題を解決するために『銀色のシャープペンシル』の主人公の姿を通して考えてみましょう」と展開する方法もあるでしょう。**《生活経験⇒共通課題設定⇒教材で解決》**

　また、中学生ぐらいになってくると、自分の日常生活経験等を披瀝したがらなくなってきます。ならば、「今日はよく生きること、よりよく生きる喜びをテーマに『銀色のシャープペンシル』という教材を通して考えてみたいと思います」と、テーマ提示後にすぐ教材へ入ります。長文の教材を扱う際は事前に宿題で読ませ、一口感想等を提出させておくと、それをもとに教師が教材内容を整理して理解を促すこともできるので効果的です。主題テーマを明示して教材で共通の道徳的追体験をすると、「拾ったのに自分で買ったと言う『僕』の言葉はずるい」「ただ卓也のロッカーに戻せばいいという問題ではない」「なぜ『ずるいぞ』という心の声が聞こえてきたのだろうか」と主題テーマに即した生徒の反応が出てきます。それらをモデレーションして、「『僕』を卓也の家に向かわせたものは何だったのか」という共通学習課題設定をしていく手立ても可能です。**《教材提示⇒共通課題設定⇒教材で解決》**

　異なる反応を整理し、調整し、合意形成によって共通学習課題へとまとめていくモデレーションの手続きをしていくことが「問い」を明確化させ、共有化させるポイントです。

## ② 「共通解を導く」とは何を意味しているのか

　モデレーションによって共通学習課題を設定したら、その解決に向けて機能するのは「道徳教材」です。道徳教材は個々のこだわりとしての共通学習

課題を検討・吟味していくための道徳的思考・判断を促進する共通の土俵となる道徳的追体験として作用します。

　この個々の「問い」から共通学習課題へと高められた「必然的学びの問い」を解決するために協力し合って学習を深めていく「協同学習」を成立させるためにも、道徳的追体験としての教材は不可欠です。これがあるからこそ、生徒たちは自らの道徳的価値観に照らして受け止めた道徳的なものの見方、感じ方、考え方をパフォーマンスとして表現することができます。つまり、道徳教材は生徒の内面に隠された本来の自分を引き出しつつ、自分とは異なる他者の価値観に触れるという「語り合い」を実現させる役割を果たすのです。

　そこで目指すのは、より多くの人たちが納得して受け入れることができる「共有できる望ましさ」としての共通解への導きです。なぜ大切なのでしょうか。それは、頭でわかっている「友情の大切さ」や「よりよく生きる喜び」等、これを中学校1年生の自分はどう理解して価値づけしていくのか、中学校3年生の自分はどう理解して納得しながら価値づけしていくのか、この道徳学びの本質となる部分が欠落していたら、多面的・多角的な視点から自分ごととという自己認知フィルターを通して道徳的価値を理解したことにはならないからです。

　考えてみてください。「人には優しくすること」「友達は大切であること」「命はたった一つしかないかけがえのないものであること」等々、生徒たちは小学校入学前から周囲に言われて知っています。それをなぞるだけの価値理解を進めるのが道徳科授業ではありません。それぞれの発達の段階に即して協同思考学習を通してきちんと自分なりに意味づけていくこと、ここに道徳科授業による道徳的諸価値の理解を促進する意味があるわけです。

　ここで言う「共通解を導く」という意味は、道徳教材という共通の道徳的追体験を経ながら、互いの価値観を語り合って多面的・多角的な視点から吟味・検討し、「共有できる望ましさ」を確認し合うことです。

### ③「納得解を紡ぐ」とは何を意味しているのか

　道徳科授業で目指すのは、生徒一人一人が同様に生きている他者と共によ

りよく生きていく上で求められる資質・能力としての道徳性を個の内面に培っていくことです。よって、体系化された知識・技能・態度を身につけさせることを主に意図する内容的目標設定の他教科とは異なり、人間としての在り方や生き方そのものを問う、言わばゴールのない方向的目標設定となっているために「特別の教科」というただし書きがつくのです。

　そのようなことから、道徳科での道徳学びの本質は個としての在り方や生き方を問うことが主眼となることを理解いただけると思います。ならば、そこでの学びとしての道徳学習のスタートは個別な道徳課題である必要があります。ただし、個別な学びでは道徳的価値に対する多面的・多角的な吟味・検討ができません。

　そこで、共通学習課題を設定し、同じ目的を共有しつつ共に学び合う協同学習を通して、共通解という共に学んでいる多くの人が望ましいと合意形成できる道徳的価値理解を導き出すことが必要です。そして、それに照らして自己内対話によって個としての道徳課題についての見解はどうなのか、協同学習で導き出した共通解をどう自分は理解し、どう自分の中に取り込もうとしているのか、そもそも自分は道徳的日常生活を振り返ってみんなで導き出した共通解に納得しているのか等々を問い直す個人作業がとても重要になってきます。

　この自己内対話による自己省察を通しての自己評価や価値自覚内容の確認をする段階こそ、「納得解」を紡ぐ段階です。この納得解の紡ぎは限られた道徳科の授業時間内に位置づけても数分程度のことです。ですが、これこそが道徳科における「主体的・対話的で深い学び」の最も意図する本時指導で目指すべきゴールとなります。

　この納得解に至るために個の課題をモデレーションで共通学習課題へと集約し、教材と語り合いによる協同学習を経て、主題に対する道徳的価値理解としての合意形成を図る共通解が導かれます。この段階に到達することで、ようやく道徳学習プロセスを経たことになり、個としての自己省察や価値自覚をあらためて問う場、「納得解を紡ぐ」ことが可能となってくるのです。

## 8 課題探求型道徳科授業を展開するための教材はどうあるべきか

　中学校学習指導要領第３章「特別の教科　道徳」第３の３(2)で、道徳科教材選びの観点や具備すべき要件、留意事項等が述べられています。箇条書きにすると以下のとおりです。

　①生徒の発達の段階に即し、主題のねらい達成に相応しい教材。
　②人間尊重の精神にかなうもので、悩みや葛藤等の心の揺れ、人間関係理解等の課題も含め、生徒が深く考えながらよりよく生きる喜びや勇気を与えられる教材。
　③ 多様な見方や考え方のできる事柄を扱う際に特定の見方や考え方に偏った取扱いをされるようなことのない教材。

　いずれの教材具備要件も、生徒に提示するという前提を考えれば極めて妥当な事柄です。ましてや、道徳科で用いる主たる教材（学校教育法第34条、同49条）は文部科学大臣の検定済み教科書となりますので、当然それらの教材を念頭に道徳科年間指導計画を作成していくことが求められます。つまり、課題探求型道徳科授業だから特別な教材が求められるといったことは全くないのです。むしろ、ここまで繰り返し述べたように、生徒に「問い」をもたせることができないような道徳科教材が検定教科書の中に混じっているとしたら、それこそ問題であるということです。

　ただ、学習指導要領解説「特別の教科　道徳編」でも述べられているように、生徒の発達の段階や特性、実態等を考慮しつつ、多様な教材を通して日常的な道徳的問題に気づかせたり、先人や身の回りにいる人の生き方について人間としての弱さ、醜さも含めつつ、その強さやたくましさ、優しさや生きるすばらしさ等々を考えさせたりできるような配列にしていきたいものです。

　その際、これからの時代を生きる生徒たちが避けて通れない現代的な課題と偏りなく本質的な部分にまで向き合えるよう、従前の１主題１単位時間指導という固定概念を打ち破り、複数価値、複数時間指導による小単元形式のパッケージ型ユニットを積極的に取り入れてほしいと願うのです。なぜな

ら、現代的な課題への対応には一つの価値では収まらない複合的な価値理解を進めるための複眼的思考が求められるからです。

## 9 課題探求型道徳科授業における「発問」の役割とは何か

道徳科授業で禁じ手というものがあるとすれば、それは発問のみで生徒を誘導する授業です。あらかじめ教師が設定した主題のねらいを達成するために矢継ぎ早に発問を繰り出し、生徒の思考を教師の意図する範疇からはみ出させないという指導方法は、生徒自身の自発性や主体性をすべて排除するもので、「主体的・対話的で深い学び」を目指す道徳科授業、「考え、議論する」道徳科授業とは真逆のものです。

ならば、課題探求型道徳科授業で教師は一切発問をしないのでしょうか。決してそんなことはありません。発問とは、教師と生徒とを取り結ぶ「基本的コミュニケーション・ツール」です。それをすべて排除したら、到底授業は成立し得ないことになります。ただ、生徒の個別な道徳学びを規制するような発問、生徒の自発性や主体性を奪うような発問はすべて捨て去るべきです。

課題探求型道徳科授業では、「必須発問①」「中心発問」「必須発問②」の３発問を軸に展開していきます。それ以外は指示発問、補助発問、切り返し発問等でカバーすることとなります（図３を参照ください）。

《必須発問①》

課題探求型道徳科授業では生徒一人一人に「個としての問い」をもたせることから開始されます。そして、それをモデレーションで整理・調整して合意形成しながら共通解に導くための協同学習を展開するための「共通学習課題づくりへの問いかけとなる必須発問①」は不可欠な要件です。

《中心発問＝共通学習課題（学習のめあて）》

共通学習課題とは、１時間の授業を一貫性ある学びとして展開する際の背骨にあたるものです。共通学習課題を設定するということは、すなわち本時での「中心発問」を共有し、追求することそのものです。問いかけの仕方は学習課題そのままであったり、学習課題を裏返して問うことで課題意図に迫ったりすることも有効な方法です。

　課題探求型道徳科授業での学びが、共通解の導きまでで終わっては個の価値観形成に至りません。納得解の紡ぎを促す発問こそ必須発問②です。

# 10 課題探求型道徳科授業での「評価」の考え方

① 道徳科授業における「評価」をどう理解するのか

　道徳科となったことで、道徳科教科書の導入と相まって求められるようになったのが道徳科学習評価です。中学校学習指導要領には、「生徒の学習状況や道徳性に係る成長の様子を継続的に把握し、指導に生かすよう努める必要がある。ただし、数値などによる評価は行わないものとする」と述べられています。他教科等での観点別学習状況評価との混同を避けるため、解説等では「視点」と表現されています。「視点」は、評価する際の見方です。「観点」は、評価の際にあらかじめ固定的に設定する立ち位置です。

　ここには、いくつかのポイントがあります。まず留意しなければならないのは、他教科のように全員が学習で目指すゴールをあらかじめ設定している観点別学習状況評価のような発想で個をランクづけしたり、ラベリングしたりして道徳学びを分類しないことです。こんなことは、生徒自身のよりよい生き方を志向するための人格形成に資する内面的な資質・能力の涵養を意図する道徳科での評価としては何の意味ももちません。むしろ、弊害です。

図4　道徳科における評価の視点と観点

（豊かな学びを創るための教師の評価観点）

**教師は、生徒たちに何をどう学ばせるためにどのような方法で指導したのか！**

教師の授業改善への具体的な評価観点

指導を通して、生徒が価値を理解する、価値について考える、価値を受け入れ実現しようとする学びを創出できたのか？

道徳科指導（活動）と評価の一体化

通知表と指導要録はその目的から記述内容・表現が異なる‼

（生徒の豊かな道徳学びを見取るための視点）

**生徒は授業で道徳の何を学び、それをどう自分こととして受け止めたのか！**

生徒の具体的な学習状況評価視点

授業ではどのような課題意識で協同学習を推し進め、共通解や納得解を獲得できたのか？どう肯定的自己評価をしたのか？

　道徳科での学習評価では、その授業を実施したことでどのような学びを提供できたのかという授業評価観点をもちつつ、その授業で生徒がどのような学びをして自己成長できたかと見取る「評価の視点」を併せもつことが必要

です。この複眼的な教師の評価観点と生徒の学習状況評価視点が相互往還的に機能したときこそ、道徳科の「指導と評価の一体化」が実現します。

## ② 道徳科での学習評価の「ものさし（評価指標）」をどう考えるか

　道徳科での学習評価を的確に進めていくためには、授業を構想する教師側での「評価観点」が不可欠です。つまり、道徳的諸価値に対する理解や思考力・判断力・表現力、主体的な道徳学習を基底で支える意欲や態度等の学び方といった道徳的資質・能力を背景にした道徳性形成を促進する手立てをどう講じ、それによってどう生徒の学びを実現できたのかを見取る授業に即応した具体的かつ焦点化した「評価観点」としての「評価指標（rubric：学習到達度を示す評価基準）」をもたないと漫然とした評価になってしまうのです。

　道徳科授業に沿って述べれば、**Ⅰ段階：生徒が道徳的価値を受け止めて理解する⇒Ⅱ段階：理解した価値について自分ごととして考え深める⇒Ⅲ段階：考え深めた道徳的価値を自分ごとに照らして受け入れる**、といった学習思考プロセスを経ることとなります。

　授業で取り上げる道徳的価値について思考し、深化し、自覚化するという一連のプロセスをぶれずに首尾一貫して展開していくためには、どうしても「生徒自身の問い」が必要です。それは、生徒がその授業での自らの道徳学びの是非を自己評価する「評価指標」ともなります。ならば、生徒が自らの道徳学びを価値づけるルーブリック評価としての評価文脈「規準（具体的な学びの様相記述）」と評価尺度「基準（具体的な達成判断指標）」をあらかじめもっていないと実現できないことになります。だからこそ、**「授業の導入部分で生徒一人一人が自らの問いをもち、モデレーションし合うことで共通学習課題を設定する」**という作業過程は、生徒がその子なりの学習評価「規準」と「基準」を構築する重要な手続きでもあるわけです。それを見取るために教師は「評価視点」を明確にし、学びの深まりや道徳的成長を推し量っていくことが大切なのです。つまり、生徒は自己評価者であると同時に被評価者でもあるのです。

　自らを価値づける「評価ものさし」をもつことは、日常的によく散見され

る事実です。「こうしたいと思って取り組んだけど、まあまあの及第点だった。点数で言えば…」とか「ここまでやりたいと思って始めたけど、やってみたら100点満点だった」というような自己評価イメージです。

### ③ 生徒の道徳学びを見取っていくことの意味とは何か

　生徒たちが道徳学習をすることでどのような自己成長を遂げたのか、それを見取って把握しながら次の授業に生かしていくのかといった考え方は、従前の「道徳の時間」においても、学習指導要領に明記されていました。つまり、授業をすればその結果としての「生徒の学びの見取りをする」というのは当然の学習評価活動なのです。要は、それをどう認め励まし、次の学習へ発展させるのかという一点こそが、第一義に問われるのです。

　生徒一人一人の道徳的成長を見届けるには、その学びの必然として「問い」が不可欠です。そして、さらには「協同学習」という学び活動の視点から見取っていく必要があります。なぜなら道徳学びにも①「知識・技能の習得」、②「思考力・判断力・表現力等の育成」、③「学びに向かう力・人間性等の涵養」という学力の3要素に関わる生徒の学習評価視点が必要だからです。

　たとえば、「知識・理解」はワークシートやノート等の成果物で見取れますが、「思考力・判断力・表現力」や「学び方や学ぶ意欲」はパフォーマンス課題にもとづく活動の姿なしには見取りようがありません。だからこそ、発問のみで教師が引っ張る他律的な授業から、生徒の自律的な問いで展開する道徳科授業への学習構造転換が必要なのです。

**図5　継続的評価に着目する道徳科カリキュラム・マネジメント**

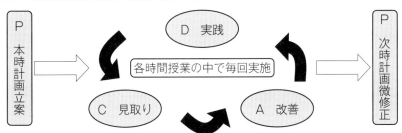

課題探求型道徳科授業を単元型ユニットで構成すると、生徒たちの継続的な学習評価状況に応じた柔軟で弾力性に富むカリキュラム・マネジメントにもとづく道徳学習が可能となってきます。生徒の「問い」を大切にした道徳学習を構想すると、必然的に次項で提案するパッケージ型ユニットになります。

# パッケージ型ユニットはなぜ道徳科授業を活性化するのか？

## 1 なぜ「パッケージ型ユニット」による道徳科授業が求められるのか

　従前の「道徳の時間」では、1主題1単位時間での指導が圧倒的に多く見られました。その理由は、「年間35時間しかないから複数時間の指導計画を組めない」「内容項目のすべてを扱うには35時間で手一杯だ」「複数時間で指導すると次時に前時のことを忘れてしまう」といったプロ教師らしからぬ事由がほとんどでした。果たしてそうなのか、順次考えていきましょう。

### ① 生徒たちの道徳的日常生活は複合的価値で成り立っている

　生徒たちの道徳的日常生活は、さまざまな道徳的価値が複雑に絡み合い、いずれを選択したらよいのかといった価値判断の連続で成り立っています。その現実を踏まえない指導は、「画竜点睛を欠く」とか「畳の上の水練」といった肝心なことを欠いたものになってしまいます。そんな生徒たちの道徳的日常生活とは無関係に、ただ学習指導要領の「内容」として示されている内容項目について季節感や学校行事等との関連等といった実施時期については多少配慮するものの、それ以外は原則的に順次指導していくといった年間指導計画では、生徒たちに「生きて働く道徳実践力」を培っていくことなど不可能です。

　特に、今日的な要請として「現代的な課題」への対応が道徳科では強く求められます。たとえば、情報モラル、生命や人権、環境、貧困、平和、開発等々、グローバルな現代的課題があります。さらには、食育、健康教育、消費者教育、防災教育、福祉教育、法教育、社会参画教育、伝統文化教育、国際理解教育、キャリア教育等々、生活と地続きの身近な現代的課題もあります。いずれも軽視できない内容ですが、それらは紋切り型に配列された内容項目に沿っての指導を順次取り扱えば対応したことになるのでしょうか。答えは明白です。「機に因りて法を説く」ということわざもあります。誰のための、何のための道

徳科授業なのかと考えれば、内容項目配列の取り扱いも当然変わります。

② 内容項目の関連化をどう効果的に実現するか

　中学校学習指導要領第３章「特別の教科　道徳」第３「指導計画の作成と内容の取扱い」の１には、「第２に示す内容項目について、各学年において全て取り上げることとする」と明記されています。つまり、各学年での指導において必ずすべての内容項目に触れることが重要なのです。生徒たちの道徳的日常生活が複合価値によって成り立っている以上、それは当然のことでもあります。ですが、それらの内容項目を単独かつ並列的に取り上げるようにといった記述は見られません。むしろ、「学校の実態に応じ、３学年間を見通した重点的な指導や内容項目間の関連を密にした指導、一つの内容項目を複数の時間で扱う指導を取り入れるなどの工夫を行う」ことを求めています。

　上記のことを考慮するなら、年間35時間を１主題１単位時間で計画して指導するよりも、内容項目全体を俯瞰しつつ１年間35時間を大単元として計画し、その到達目標を達成するためにより具体的な到達目標を学期毎に設定した中単元を配置します。そして、さらにその中単元目標達成をより具体化する各月毎に幾つかの現代的な課題をクラスターとして配したユニット（小単元）を軸として、年間指導計画を入れ子構造で構想します。すると、図６のような生徒の道徳的日常生活に即したカリキュラム・プランとなるのです。

③ パッケージ型ユニットはなぜ学びのストーリーを紡ぐのか

　「パッケージ型ユニット？」と聞いただけで食わず嫌いになってしまう教師も少なくありませんので、ここで定義をしておきたいと思います。

　パッケージ型ユニットとは、テーマ性によって関連づけられた複数価値を複数時間で小単元として構成し、生徒の「問い」で一貫した道徳学びのストーリーを意図的に紡ぐ道徳科教育学的な視点での授業方法理論です。

　テーマ性によって関連づけられた複数価値というと、学習指導要領の内容

**図6　生徒の生活に寄り添う道徳科カリキュラム・マネジメント**

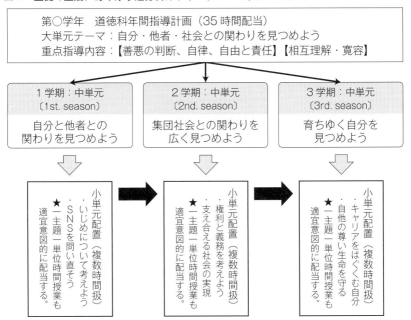

第○学年　道徳科年間指導計画（35 時間配当）
大単元テーマ：自分・他者・社会との関わりを見つめよう
重点指導内容：【善悪の判断、自律、自由と責任】【相互理解・寛容】

1 学期：中単元〔1st. season〕
自分と他者との関わりを見つめよう

2 学期：中単元〔2nd. season〕
集団社会との関わりを広く見つめよう

3 学期：中単元〔3rd. season〕
育ちゆく自分を見つめよう

小単元配置（複数時間扱）
・いじめについて考えよう
・SNSを問い直そう
★一主題一単位時間授業も適宜意図的に配当する。

小単元配置（複数時間扱）
・権利と義務を考えよう
・支え合う社会の実現
★一主題一単位時間授業も適宜意図的に配当する。

小単元配置（複数時間扱）
・キャリアをはぐくむ自分
・自他の尊い生命を守る
★一主題一単位時間授業も適宜意図的に配当する。

項目を逸脱して取り扱うのかと誤解されるのですが、そうではありません。

　考えてみてください。中学校学習指導要領に示された内容項目（22 項目）は、バラバラに配置されているでしょうか。決してそうではありません。解説「特別の教科　道徳編」でも述べられているように、道徳教育の目標を達成するために「自分自身」「人との関わり」「集団や社会との関わり」「生命や自然、崇高なものとの関わり」という 4 視点、つまりテーマにもとづいて内容構成されています。

　便宜的に各内容項目に区分されていますが、道徳性という不可分一体な特性を考慮するなら道徳的課題に対してコア（核）となる内容項目は強調されるにしても、それと深く関わる内容項目も必ず存在します。道徳的価値というのはさまざまな価値が相互に関連し合って複合的な形で生徒たちの道徳的日常生活に横たわっています。ですから、「いのち」「いじめ」「情報モラル」等々の現代的な課題と称される道徳的問題を取り上げる場合も、「生命の尊さ」「友

情、信頼」といった紋切り型の断片的指導では不十分なのです。

　たとえば、「いじめ」という現代的な課題を道徳科で取り上げようとする場合、1主題1単位時間で内容項目を「公正、公平」「友情、信頼」「生命の尊さ」と単独で取り上げるより、「いじめについて考えよう」という一貫した問題意識にもとづくテーマのもと、各々の内容項目を関連づけて指導する方が、生徒たちの道徳的課題探求が深まることは想像に難くないと思います。つまり、生徒たちの道徳的問題に対する「問い」からスタートする課題探求型道徳科授業を目指してパッケージ型ユニットを構成すると、生徒の「問い」を基底にした道徳学習ストーリーが生まれてくるのです。

## ④ ローテーション道徳を進化させる

　中学校では、一人の教師が各教室を毎週順番にまわって指導するローテーション道徳がさかんに導入されています。でも、それは誰のためのものなのでしょうか？　確かに教師は同じ授業を繰り返すことで指導スキルが少し向上するかもしれません。しかし、生徒と教師、生徒と生徒が胸襟開いて語り合うのが道徳科授業であるという前提に立つなら、ローテーション授業の実施方法は慎重であるべきです。仮にその週の1時間を担う教師が自分の担当教科での指導でその学級に関わっていたとしても、それと道徳科授業はイコールではありません。内容的目標設定の各教科を指導することと、人間の在り方や生き方を互いが心開いて語り合う方向的目標設定の道徳科とではその指導前提からすれば似て非なるものがあります。「この学級での指導は慣れている」「この生徒はこう発問すれば、既習学習経験からこう答えてくれるに違いない」といった先入観のみの学習展開では、到達すべき集約された単一の正解をあらかじめ設定しない道徳科での語り合いはなかなか成立しません。

　そんなときこそ、複数時間でテーマ追求するパッケージ型ユニットを通して生徒と関わることで生徒との道徳学びの共有、生徒との道徳的人間関係構築が可能になってくると考えます。複数時間を担当することで生徒と教師との協同学習推進環境が同時進行的に醸成されます。この発想なくして、ただ

機能的に道徳科の年間指導計画を消化したとしてもそれはまさに虻蜂取らずとなってしまいます。1年間で同じ学級をまわる回数が減ったり、指導に対する戸惑いが最初は生じたりするかもしれませんが、担当する教師が同一時間数で組んだパッケージで各学級をまわるなら授業進度のばらつきも生じないばかりか、生徒指導等に係るさまざまな共有すべき肯定的情報も多く入手できるに違いありません。

## 2 パッケージ型ユニットでの学習ストーリーをどう考えるか

① どうすればテーマに即したパッケージ型ユニットにできるのか

　ここまで、「考え、議論する道徳」を実現する方法論として学習の主体者である生徒の「問い」にもとづいて学習展開する課題探求型道徳科授業方法理論について述べてきました。そして、その課題探求型道徳科授業は生徒たちの道徳的日常生活に足場を置いて授業構想するのであれば、1主題1単位時間として単独に実施する形態よりも、現代的な課題や学校としての重点的道徳指導内容等を考慮した一定の道徳的テーマ性をもたせた複数価値、複数時間指導を意図したパッケージ型ユニットの方がより生徒一人一人の課題探求型道徳学習を支援し、展開できることを述べてきました。

　では、それをどうやって実現していくか、また、ユニットにすると授業と授業との間隔が空くことをどう考えるのかについて以下に述べていきたいと思います。

　図7に示したパッケージ型ユニット構成の基本的な考え方は、「Ⅰ：重層型ユニットタイプ」、「Ⅱ：連結型ユニットタイプ」、「Ⅲ：複合型ユニットタイプ」の3パターンです。もちろん、これ以外にも各タイプのユニットをアレンジしてパッケージを構成することは可能です。ただ、パッケージを構成する枝葉の部分を取り除いていくと、おおよそはこの3ユニットタイプに集約されると考えます。事実、全国各地で実際の指導プログラムによるさまざまな授業実践に接してきましたが、この3パターン以外は見られませんでした。

**図7　パッケージ型ユニット構成の基本的な考え方**

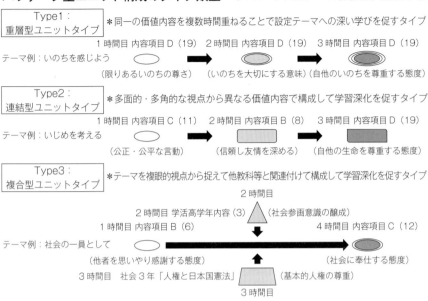

## パッケージ型ユニット構成のタイプ類型　♥1ユニットは2～4時間程度で計画する

| Type1：<br>重層型ユニットタイプ | ＊同一の価値内容を複数時間重ねることで設定テーマへの深い学びを促すタイプ |

1時間目 内容項目D（19）　　2時間目 内容項目D（19）　　3時間目 内容項目D（19）

テーマ例：いのちを感じよう

（限りあるいのちの尊さ）　　（いのちを大切にする意味）（自他のいのちを尊重する態度）

| Type2：<br>連結型ユニットタイプ | ＊多面的・多角的な視点から異なる価値内容で構成して学習深化を促すタイプ |

1時間目 内容項目C（11）　　2時間目 内容項目B（8）　　3時間目 内容項目D（19）

テーマ例：いじめを考える

（公正・公平な言動）　　（信頼し友情を深める）　　（自他の生命を尊重する態度）

| Type3：<br>複合型ユニットタイプ | ＊テーマを複眼的視点から捉えて他教科等と関連付けて構成して学習深化を促すタイプ |

2時間目

2時間目 学活高学年内容（3）　　（社会参画意識の醸成）

1時間目 内容項目B（6）　　　　　　　　　　　　　4時間目 内容項目C（12）

テーマ例：社会の一員として

（他者を思いやり感謝する態度）　　　　　　　　　　（社会に奉仕する態度）

3時間目　社会3年「人権と日本国憲法」　　（基本的人権の尊重）

3時間目

　ここまで図7のようなパッケージ型ユニット構成の類型化された3タイプについてイメージ化してきましたが、いずれのユニットタイプにあっても共通し、なおかつ疑念が払拭されていない問題が残されています。その問題を解決してから、各ユニットタイプについて説明していきます。

　その問題とは、年間総授業時数が35時間しかない道徳科授業では、各時間の間隔が空いてしまうことです。前時との間隔が空いてしまうと、前時の学習内容を忘れてしまったり、「問い」からせっかくモデレーションで導き出したテーマに対する共通課題意識が途切れてしまったりするのではないかという疑念です。しかし、それは既存の心理学的知見でクリアされます。ツァイガルニク効果（*Zeigarnik effect*）という心理学的知見です。教師であれば、日常体験的にすぐ思い当たる事柄です。

　旧ソビエト連邦の心理学者ブリューマ・ツァイガルニク（1901～1988年）が明らかにした知見とは、人は目標が達成されない行為に関する未完了課題

についての記憶は、完了課題についての記憶に比べてはるかに継続され、想起されやすいという事実です。確かに、これまでさまざま取り組んでくださった実践家の方々から、授業と授業との間隔が空きすぎて一貫した学習にならなかったという苦言や失敗事例等の報告は一度も受けたことがありません。パッケージ型ユニットによる道徳科授業づくりの明暗を分けるのは、学習に臨む生徒一人一人のユニット設定テーマに関わる「問い」が明確化されているか否かの問題です。やはりそこには、「？」「なぜそうするのか」「本当はどうなのだろう」等々といった生徒個々の「問い」が不可欠なのです。

② 「重層型ユニットタイプ」とはどのようなパッケージなのか

　この「重層型ユニットタイプ」の特徴は、テーマとして取り上げる特定の道徳的価値を複数時間かけて積み重ねて多様な視点から吟味・検討することで、テーマに対する深い学びを促すところにあります。

　たとえば、「生命の尊さ」と一口に言っても、その価値理解の視点は多面的・多角的な視点が必要です。生命のもつ有限性、自他生命の固有性や可能性、創造・継承されていく生命の連続性等々の事柄を、1単位時間で個別に学習するよりもテーマ性をもたせながら複数時間で重層的に学習していった方がより広い視野から、より深い視点で学ぶことが可能となります。

③ 「連結型ユニットタイプ」とはどのようなパッケージなのか

　「連結型ユニットタイプ」は設定テーマについて単一価値ではなく、複数価値の視点から多面的・多角的に検討し、テーマそのものに対する深い理解を促すことを意図したパッケージです。

　たとえば、「いじめ」といった現代的な課題を単一価値のみで取り上げて課題追求しても、生徒一人一人の内面深くに響かせ感得させることは至難の業です。それは、「いじめ」という現代的な課題には多様な価値が介在しているからです。ですから、1時間目に「公正公平さ、社会正義」を取り上げたら、2時間目は「友情と信頼」という異なる視点から考え、3時間目ではテーマに横たわっているすべての道徳的問題の前提となる「生命の尊さ」と

いう視点から再度「いじめ」を広く俯瞰して意味づけるといった1テーマ複数価値追求型ユニットにすることで学習深化を目指していきます。

　道徳科授業で取り上げなければならない現代的な課題は、多様な価値内容を内包していることがほとんどです。ですから、1単位時間で課題解決を目指そうとしても限られた授業時間の中では、どうしても一面的な理解に終始してしまいます。だからこそ、複数の価値内容を連結することでテーマが内包する課題を調和的に精査・検討していくことが可能となります。つまり、多面的・多角的な視点から道徳的諸価値の理解を可能にするということです。

### ④ 「複合型ユニットタイプ」とはどのようなパッケージなのか

　生徒たちの道徳的日常生活は、さまざまな価値内容が複合的に交錯し合う状況下で展開されています。ですから、多様な価値内容を含んだテーマを課題追求するような場合は、「重層型ユニットタイプ」や「連結型ユニットタイプ」のように道徳科授業内で完結するようなユニットの組み方のみではなく、他教科等（特別活動、総合等も含む）での教育活動と関連づけてクロスカリキュラムを構成し、複眼的な視点からパッケージを展開することの方がより充実した学びとなります。このような他の教育活動と関連づけて課題解決を目指すパッケージスタイルこそ、「複合型ユニットタイプ」です。

　この「複合型ユニット」を展開する場合、留意すべき事柄もあります。それは、他教科等と関連づけて同時進行的に学習を展開する場合、それぞれに各教科等の固有の目標があり、それらを達成しつつ、なおかつパッケージテーマに則った道徳学習課題追求も同時進行的に展開させるといった、極めて広い視野から複合的な学習を展開することで相乗効果を期待するパッケージになるということです。そうでないと、他教科等からの授業時間数融通というご都合主義に陥ってしまいます。つまり、このユニットタイプで展開する場合は、各教科等での目標達成に向けた学習目的方向性とテーマに関わる道徳的課題解決の方向性の双方を、バランスよく教師がコントロールしていく必要があるということです。それは、かなり高度なスキルでもあります。

⑤ 年間指導計画にどうパッケージ型ユニットを位置づけるのか

先の図6でも示しましたが、道徳科授業は毎週単独で実施しているわけではありません。該当する学年の生徒たちが年間35時間の道徳科授業を通してどのような道徳的資質・能力を身につけ、どのように変容することを目指すのかという明確な大単元目標の設定が必要です。これは学期毎に設定する中単元でも、各月毎の小単元配置であっても同様です。

要は変容を期待する具体的な生徒の姿を常にイメージし、その達成に向けて一貫性あるユニットを年間指導計画に位置づけることが重要なのです。


⑥ パッケージ型ユニットの具体的な構想をどう進めるか

A　重層型ユニットタイプの例：中学校第1学年での例

《パッケージ型ユニットによる授業計画》

(1) ユニット名：「いのちを感じよう」（道徳科全3時間扱い）

(2) ユニットのねらい：有限な生命の尊さを理解し、輝かそうとする意欲と態度を育てる。

(3) ユニット計画：＊ 道徳科⇒道徳科・前時と同一内容⇒道徳科・前時と同一内容

| 教科等 | 主題名／教材名 | 視点・内容項目 | 本時のねらい |
|---|---|---|---|
| 道徳科 | 限りあるいのちの尊さ／ひまわり（光村図書） | D（19）・生命の尊さ | 震災で家族を奪われた佐々木さんの心情や生き方を通して、有限な生命の尊さについて理解を深める。 |
| 道徳科 | いのちを大切にする意味／捨てられた悲しみ（光村図書） | D（19）・生命の尊さ | 殺処分される犬猫の現実とその死に向き合う女性の姿を通して、かけがえのない生命の尊重を考える。 |
| 道徳科 | 自他のいのちを尊重する態度／エルマおばあさんからの「最後の贈りもの」(光村図書) | D（19）・生命の尊さ | 多発性骨髄腫を患って死と向き合うエルマおばあさんの姿を通し、かけがえのない生命の尊さについての理解を深めると共に人間の尊厳について考える。 |

このような重層型ユニットタイプは、当該学年における年間道徳指導重点目標や学期道徳指導重点目標等の具現化を意図して位置づけられることが多く見受けられます。しかし、同一の内容項目をただ繰り返し指導すれば生徒たちの価値理解や価値自覚が促進されるといった単純な発想だけでは深い学びが生まれないことに留意すべきです。

　学習指導要領に示された内容項目を小学校低学年から中学校まで系統的・発展的に俯瞰すると、ただ文言として示された内容項目の中に価値理解・価値自覚を深めるための多様な要素が見えてきます。それらを意識し、内容項目に含まれる価値構造の分析を進めながら多面的・多角的な学びを実現できるよう工夫された重層型ユニットを組んでほしいと考えます。

### B　連結型ユニットタイプの例：中学校第 2 学年での例

《パッケージ型ユニットによる授業計画》

(1) ユニット名：「いじめを考える」（道徳科全 3 時間扱い）

(2) ユニットのねらい：一人一人の個性の違いを理解し、互いに認め合いながら協力し、責任をもって自分の役割を果たそうとする実践意欲と態度を育てる。

(3) ユニット計画：＊道徳科⇒道徳科・前時関連内容⇒道徳科・前時関連内容

| 教科等 | 主題名／教材名 | 視点・内容項目 | 本時のねらい |
|---|---|---|---|
| 道徳科 | 公正・公平な言動／明日、みんなで着よう（光村図書） | C（11）<br>・公正、公平、社会正義 | いじめ反対運動「ピンクシャツデー」の取り組みを通し、公正・公平な社会についての理解を深める。 |
| 道徳科 | 信頼し、友情を深める／松葉づえ（光村図書） | B（8）<br>・友情、信頼 | 転校生を取り巻く級友の言動を通して互いに励まし合い、高め合える友情の在り方について考える。 |
| 道徳科 | 自他の生命を尊重する態度／命が生まれるそのときに（光村図書） | D（19）<br>・生命の尊さ | この世に生を受けてきたことの意味や尊さについて考え、かけがえのない生命を尊重する態度をはぐくむ。 |

この連結型ユニットタイプの特徴は、テーマとなる道徳課題に対して複数価値の視点から複数時間を用いて、多面的・多角的に視野を拡げながらテーマ追求できるようにユニットを構成していくところにあります。

　この事例で語れば、自分と同じようによりよく生きようとしている他者と共存する集団社会において、個が尊重されなければならないという前提要件を共有しながら学習は展開されます。各時間で個が尊重されるとはどういうことを意味するのか、個を尊重するためにどのような道徳的態度が必要なのか、個が互いに尊重される集団や社会を実現するために生徒一人一人が何を

## C　複合型ユニットタイプの例：中学校第3学年での例

《パッケージ型ユニットによる授業計画》

(1) ユニット名：「社会の一員として」

　　（道徳科1時間＋特別活動1時間＋社会科6時間＋道徳科1時間）

(2) ユニットのねらい：卒業を前に今までの自分を見つめ、社会の一員として将来に向けて希望と夢と志をもって歩んでいこうとする意欲と態度をはぐくむ。

(3) ユニット計画：＊道徳科⇒学級活動⇒社会科⇒道徳科（9時間扱い）

| 教科等 | 主題名等／教材名 | 道徳学習内容 | 本時のねらい（単元目標等） |
|---|---|---|---|
| 道徳科 | 信頼し合える仲間／背番号10（光村図書） | B（6）・思いやり、感謝 | 野球ができなくなった主人公が、背番号10としてチームに貢献する姿から思いやりと感謝を考える。 |
| 学級活動 | 自分らしい生き方の実現／母校の先輩たちの生き方に学ぶ | 内容（3）／社会参画意識の醸成＊C（12）と関連 | 自分らしい生き方を大切にしながら職業人として生きる先輩の姿を通して、社会参画の意味を考える。 |
| 社会科 | 「基本的人権と個人の尊重」（東京書籍「新しい社会」） | 人権と日本国憲法＊C（10）と関連 | 人権とは誰しもがもっている権利尊重であると同時に、互いが遵守すべき義務であることを理解する。 |
| 道徳科 | 社会の一員として／一票を投じることの意味（光村図書） | C（12）・社会参画、公共の精神 | 参政権を行使することの意味理解を通して社会参画や社会連携への自覚を深め、公共精神を涵養する。 |

自覚し、何を実践していかなければならないのかを多様な視点から捉え直し、自己の問題として自覚化していけることを意図しています。

　この複合型ユニットタイプの特徴は、学習の軸となる道徳課題テーマについて各教科等での学習と内容的に重なる部分のベクトルを揃えて実施することで一つの有意味な学びを構成していくところにあります。

　このような複合型ユニットタイプを年間指導計画に位置づけるためには、学校毎に作成する各教科で行う道徳教育計画「別葉」が重要になります。

### ⑦ パッケージ型ユニットにおける「問い」とは何を意味するのか

　道徳科における「問い」とは、道徳的問題に対して抱く個別的な性質のものです。その「問い」を解決しようとするところに、本来的な意味での「道徳学び」が開始されます。ですから、仮に40人のクラスで道徳的問題を提示したとすると、そこには40通りの個別的な「問い」が存在することとなります。

　もちろん、その「問い」の中に似通ったもの、視点が異なるもの、場合によっては真逆の疑問が生ずるかもしれません。それらを課題探求しようとしていくところに「道徳学習」が成立するわけですが、当然のように個別の課題追求では思考が堂々巡りして多面的・多角的な思考が実現されません。そこで、道徳科授業の導入ではそれら個別の「問い」を意図的に披瀝し合う場を設け、語らいを通してすり合わせ、調和的に調節し合い、学習集団全体の合意形成プロセスを経ての共通追求道徳課題設定を行います。

　このようなモデレーション手続きを踏むことで追求すべき道徳学習課題が明確となり、互いに共有され、全員が同じ土俵に立ってその課題追求を目指すことを可能にします。特に、パッケージ型ユニットによる道徳学習では、個別な問いをモデレーションして設定した共通学習課題であっても、図7の連結型ユニットタイプ例として示した「いじめについて考えよう」といったパッケージテーマでは、多くの場合においてコア（中核）となる価値内容があったとしても、それに関わる複数価値を含むことが一般的です。ですから、1単位時間では断片的になって包括しきれない「問い」としての道徳テー

マを課題追求していくためには、パッケージ型ユニットとしてしっかりと受け止めて学習構成することで、子どもたちの主体的な道徳学びを引き出すことが可能となります。

　ここに、パッケージ型ユニットとすることで子どもの主体的な協同学習を可能にする「問い」のもつ意味があります。「問い」はその段階では個としての疑問やこだわり等に留まるものですが、それを共通追求学習課題へと統合・発展させることで、「本質的な道徳価値理解」にまで学びを深めます。

⑧「本質的道徳価値理解」へと深める「問い」とはどのようなものか

　ここまで、「問い」と何気なく述べてきましたが、道徳科において生徒一人一人が道徳学びを主体的に深化させていく上でどのような役割を果たすのでしょうか。課題探求型道徳科授業を可能にし、それをパッケージ型ユニットとして構成することで、1単位時間での主題設定では細切れになってなかなかたどり着けない「本質的な道徳価値理解」にまで至らせることができます。この道徳科教育学型授業理論の「肝」ともいうべき本書の中心をなす「問い」の意義や役割について、以下に語っていきたいと思います。

### A 「問い」は論理的思考による道徳的価値理解を促す

　従前の「道徳の時間」では、生徒たちがとにかく「感動すること」が求められていました。それはとても大切なことではありますが、「情に棹させば流される」だけで終わってしまいます。「有情活理」という言葉がありますが、こんな意味です。どんなに正しいことを主張しても理屈だけで人は説得できないし、どんなに情けが深かったとしてもそれを支え裏づける理屈がなかったら結局は元の木阿弥ということです。道徳科において道徳的問題を論理的に思考していくのは大切なことです。その際に不可欠なのが「問い」です。

### B 質の高い道徳的問題解決を可能にする

　「問い」は単なる疑問や質問、こだわりを意味するだけではありません。「問

い」を立てることの学習方略上の意味は、以下の３点があります。

a. 客観的メタ認知洞察力⇒客観的状況把握と具体的な課題解決促進力
b. 対話促進深化力⇒他者対話と自己内対話の往還による学習深化力
c. 他者への眼差し力⇒役割取得能力強化による共感的他者理解促進力

　道徳科で生徒一人一人が「問い」を立てることの意味について、もう少し言及してみたいと思います。

　道徳科に限らず、学校教育の場では「問い」が大切にされます。その反面、その「問い」をもつ主体者は誰なのかという点については、問わず語りの曖昧さを吟味することなく、安易に納得してしまっている現実があります。たとえば、「こうすれば、生徒たちはおおよそこう反応してくれるはずだ」「学びを引き出す環境をこんな風に用意したから、生徒の内面にはきっとこんな疑問と追求したい問いが生まれるはずだ」といった風に論理的に偏りすぎているような印象をもちます。

　その根底には、授業を活性化する「問い」を生むための仕かけは、すべて教師が用意するものであり、「問い」もまた教師が一方的に設定すればよいといった旧態依然の発想があります。そこにはつまり、生徒は教師がすべて用意した学習環境の中で課題解決への疑問をもって意欲的に活動したり、自分の言葉に置き換えて設定した学習課題によって活発な語り合いができたりしてさえいれば、それこそが「主体的・対話的で深い学び」をしている生徒の姿、道徳的な「問い」をもちながら「考え、議論する道徳」で学ぶ生徒の姿であるといったステレオタイプな認識に縛られた固定的学習観が横たわっているのです。

　**これからの時代を生きる生徒たちに求められるのは、主体的に学ぶことの意味を理解して「問い」をもつこと、道徳的価値の本質を理解する「問い」をもつこと、その道徳的価値の実現に向けた自分ごとの「問い」をもつことであると考えます。**

　道徳科における「問い」のある授業とは、生徒一人一人に委ねられた本当の意味での主体的な学びを可能にするものであり、道徳科授業には、まだま

だ伸びしろがあることを本授業づくりに提案の総括として述べておきたいと思います。

## 第3節

# パッケージ型ユニットを活性化するグループ・モデレーション

### 1 なぜ「パッケージ型ユニット」でグループ・モデレーションなのか

　ここに至るまで、何度も「モデレーション」という言葉を用いてきました。個別の課題意識を共通学習課題へと整理し、考えるための「問い」を明確化していく一連の手続きを意味します。

　教育評価研究者の鈴木秀幸は『スタンダード準拠評価』（図書文化社、2013年）の中で、「異なった評価者の評価結果が、同じ生徒作品や学習に関して、異ならないように調整する働きやそのための手続き」と説明しています。つまり、教育活動における評価結果とそこに至る評価過程の統一を担うのがグループ・モデレーションだと説明しています。換言するなら、共通学習課題（学習のめあて）をきちんと設定し、協同学習による課題解決型学習スタイルを整え可能にすることが役割なのです。

　また、グループ・モデレーションを学習集団における一連の学びプロセスと表裏一体の関係にあるととらえるなら、英国の教育評価研究者であるC.ギップスの評価論（"*BEYOND TESTING : Towards a Theory of Educational Assessment :*" 1994年）が指摘する「何が達成事項であるか、どうすればそのような達成事項を生み出せるのかなどの評価の過程」について共通理解を図る検討の場こそがグループ・モデレーションの場ということになります。

　それを道徳科授業に当てはめるなら、パッケージ型ユニットにした単元学習を展開するにあたって、意図的に設定したグループ・モデレーションの場を共有することで、生徒が自らの学びの進め方を問い、ユニット終了後に学習成果を自己評価したり、相互評価したりし合うことができる大まかな評価規準と評価尺度となる目安を設定することが大切だと言い換えることができるでしょう。

　図8を視覚的にとらえると、入れ子構造になっていることがわかります。具体的には、ユニットテーマによってパッケージ型ユニットが構想され、そのユニット全体を通して追求すべきテーマ課題設定と、そのユニット中の独立した各時間で追求すべき共通学習課題とに関わる相互補完的な関係性に合理的な整合性をもたせなければ、複数価値、複数時間でユニットを組む必然性を説明できなくなります。つまり、ユニット全体にかかわるテーマ課題設定とユニット中の各時間で設定追求すべき共通学習課題との整合性を担保する役割を担うのが、グループ・モデレーション活動なのです。

**図8　パッケージ型ユニットにおけるグループ・モデレーション構造**

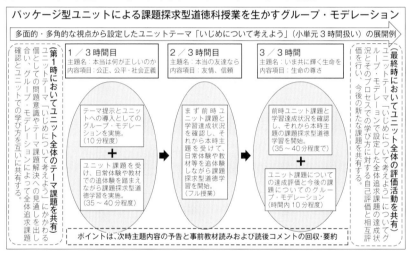

　パッケージ型ユニットでは、ユニット全体の学習課題設定とそれを価値づける評価活動による「生徒自身による学習と評価の一体化」を重視します。そのユニットのなかに、それを構成する各授業が納められる構造となります。各授業ではユニット全体のテーマにもとづく学習課題を意識しつつ、入れ子構造の一部として本時の学習課題追求と評価活動を独自に展開します。

## 3 全体を俯瞰しつつ各時授業に有意味性をどうもたせるのか

　2〜4時間程度で構成されるパッケージ型ユニットでは、ユニット全体でのテーマ追求とそれに関わる学習評価、部分を構成する各時間設定主題でのテーマとなる学習課題追求と評価活動が同時進行的に展開されます。1単位時間では達成がむずかしい多様性と拡がりを内包した道徳テーマを、複合的視点から一貫性をもって課題追求する点に、道徳科教育学的視点でのパッケージ型ユニットの特徴があります。以下に、ユニットを活性化するグループ・モデレーション手続きについて述べていきます。

**《ユニット導入：ユニットに係る追求課題と自己評価ものさしを設定》**

　「いじめについて考えよう」という3時間扱いのユニットであれば、第1時の導入で、個々が抱く「いじめ」というテーマについての課題意識を出し合い、整理して、ユニット全体で追求すべき学習課題とユニット最終時に自分たちの学びを自己評価するためのルーブリック（指標、評価ものさし）を設定します。

　この学習課題と評価ものさしを掲示しつつ、第1時では「本当は何が正しいのか」という公正・公平に関わる課題探求型授業を継続実施します。この導入でのモデレーションは、10〜15分程度とします。この方法は、生徒たちの道徳的思考を一貫させやすいのですが、教材の事前読み宿題や教材提示の簡略化等による授業の効率化に向けた工夫が必要です。

**《ユニット展開：2時間目以降はユニット学習課題を意識して課題探求》**

　掲示しておいたユニット導入で設定した学習課題とルーブリック（指標、評価ものさし）を確認しつつ、第2時の設定主題名「本当の友達なら」の課題探求型授業を展開します。そこでの要諦は、ユニット学習課題のどの部分に迫ろうとしているのかを全体で共有しながら本時の学習課題を設定することです。

**《ユニット終末：課題探求型授業展開とユニット全体のモデレーション》**

　ユニット最終授業の後半10分程度で、ユニット導入時に設定したテーマ全体に関わる学習課題について同時に設定しておいたルーブリックにもとづ

いて自己評価したり、相互評価したりします。これは、最終授業における自己評価活動も含んだグループ・モデレーションとなります。そのような有意味な場としてきちんと機能できるよう、終末でのその活動時間確保も視野に入れた学習展開が望まれます。

# 第2章

## 実践編

[問い]

# 自分の可能性を伸ばすためには、どうすればいいのだろう

## ■ 実践のねらい

❶中学校生活に慣れ始めた頃に、中学校３年間でどうやって自分の可能性を伸ばしていくか、その道筋となるものを語り合いの中から見いだし、今後の生活に生かしていけるようにする。

❷自分の考える可能性の伸ばし方とクラスメイトが考える可能性の伸ばし方に対する捉え方の違いに気づくことで、自分との相違点を見つけ、クラスメイトの考えを受け入れていけるようにする。

## ■「問い」と「構成」づくりのポイント

入学して間もない中学生が「自分の可能性を伸ばすために、どうすればいいのか」と問われて、まず思いつくことは「がんばる」「努力する」「自分を信じる」といった内容だと予想される。しかし、その努力の仕方や自分を信じるためにどんなことが大切なのか、というところまで考えさせたい。

まず第１時では、才能についての話から、それぞれが可能性を伸ばすためにどんなことをしていけばよいのか、と自分自身の中に問いが生まれるような時間とした。

第２時では、立ちふさがる大きな壁の乗り越え方について考える時間とした。マラソンの事例をもとに夢や目標をどのように捉えて、それに向かっていけばよいのかを考える時間にしたいと考えた。

第３時では、なかなか始められないときや取り組みが中途半端になってしまうときについてとことん取り組んだ安藤さんの話をもとに考える時間とした。

Ａの視点を中心にした今回の３時間のユニットでの学びを通して、中学校生活で可能性を伸ばしていくための指針をもたせたいと考えた。

# ■ [ユニット] 授業ストーリー

**使用教材** 廣済堂あかつき「中学生の道徳　自分を見つめる1」

**第1時** 可能性はどうすれば伸ばせるんだろう？

**主　題**「可能性の伸ばし方は人それぞれ」　　　　　　　　A(3)
**内容項目** 向上心、個性の伸長　**提示教材**「木箱の中の鉛筆たち」

第1時では、自分の可能性を伸ばすためにどうすればよいのかを、自分との関わりの中で考えていく。クラスの中には、いろいろな場面で活躍できる人、うまく自分を表現できない人などさまざまな人がいる。どんな人でも取り組み方次第で可能性を伸ばしていけるということに気づかせ、この先どう取り組んでいこうかという問いをもたせることをねらいとしている。

**第2時** くじけそうになったらどうしよう？

**主　題**「夢は大きく、歩みは確かに」　　　　　　　　A(4)
**内容項目** 希望と勇気、克己と強い意志　**提示教材**「目標は小刻みに」

第2時では、「可能性を伸ばすために目標を設定したものの、なかなか達成できない」という場面について考えていく。夢や目標は大きなものでなければいけないと思っている人も多いので、夢や目標が逆に自分の可能性を縮めているかもしれないということに気づかせ、目標との向き合い方やくじけそうなときの心の持ちようについて考えさせることをねらいとしている。

*（縦書き）課題探求のプロセス*

**第3時** うまく取り組めないときはどうしよう？

**主　題**「興味を持ったらとことんやる」　　　　　　　　A(5)
**内容項目** 真理の探究、創造　**提示教材**「ミスター・ヌードル―安藤百福―」

第3時では、物事にうまく取り組めない場合について考えていく。成功だけがよいものと捉え、失敗を避けがちな人は少なくない。安藤百福さんの生き方から、「なぜそこまでできるのか？」ということについてとことん話し合い、考えることを通して、知ること・学ぶことの楽しさや、そのプロセスを楽しむことの大切さに気づかせることをねらいとしている。

**自己の生き方についての考えの深まり**

## ■授業を通じて子どもが考えを深めていくための工夫

### 子どもの考えを深める教師の技

### ホットシーティング（対話）

教室前方のイス（ホットシート）に座り、登場人物になってみる学び方である。生徒を教材の登場人物に見立てて、教師や他の生徒が質問をするインタビュー形式で授業を進めていく。

### ピクトグラム

授業開きでも使える、ピクトグラムを使った導入である。見え方が人によって違うのでさまざまな意見を引き出すことができる。また、背景を変えるだけでも見え方が変わることに気づかせることができる。

### 🖋 指導のポイント

　中学生は、教材を「自分には関係がない」（他人ごと）と考えがちである。ホットシーティングのような演劇的手法で、教師からの質問や他の生徒からの質問に"即興的に"答えていくと、「自分がその場に置かれたら」という視点を獲得でき、自分との関わりで考えやすくなる。また、クラスの仲間が登場人物のつもりで話しているのを見ると、自分の考えとの相違点に気づきやすくなるため、見ている側も同じように自分との関わりで考えやすくなる。

　上の図にあるピクトグラムであれば、シチュエーションを変えるだけで見え方が変わり、自分の見方だけが正解ではないことに気づけるので、異なる視点を獲得し、多面的・多角的に考えることにつなげられる。

| Aさん | 課題探求のプロセス | Bさん |
|---|---|---|
| **[導入時の姿]** | | **[導入時の姿]** |
| 自分の考えをもっている一方でそこにこだわりを見せる。問いに対しては「とにかくがんばる」という考えを書いていた。 | | 広い視野から物事を考えているが、自分との関わりで考えることは少ない。問いに対しては「目標をしっかりもって取り組む」と書いていた。 |
| 授業中に「やればできるかもしれないけど、その『やれば』が大変そうだ」と発言していた。<br>振り返りには「やればできることもあると思うけど、やってもムダなこともあると思う」と結果重視の考えを書いていた。 | 第**1**時 | 振り返りには「可能性＝才能？　○○さんの意見から、才能がないと思って何もやらないと成長がないと思った」と書いていた。クラスの仲間の意見から自身の考えを広げる様子が見られたが、自分との関わりがあまり見られなかったと感じた。 |
| 授業中に「目標がうまくいかないとその反動が大きい」と発言していた。<br>振り返りには「マラソンのことは分からなかったけど、○○さんが夏休みの宿題で例えてくれたから、すごく納得できた」と仲間の意見を聞き入れる様子が見られた。 | 第**2**時 | 授業中に、「目に見えるゴールだとやる気が出る」と発言した。<br>振り返りには、「考えてみると、これまでの目標は立てさせられたものが多かったかもしれない」と自分で目標を立てることの重要性に気づいていた。 |
| 振り返りに「○○さんが『産みの苦しみ』って言っていたけど、安藤さんは苦しさは感じずに楽しさを感じていたんじゃないかと思った」と書いていた。事後の聞き取りでは、「"結果を出せない＝失敗"じゃない」という考えに変わったと言っていた。 | 第**3**時 | 振り返りには、「やらされているうちは、目標をいくら立ててもうまくいかないと思った。自分で興味をもってやってみる、まずは興味をもつところから始めないといけないかな」と、第2時の振り返りを生かし自分に関わらせた記述が見られた。 |
| **[変容した姿]** | | **[変容した姿]** |
| 「やればできる」の「できる」について、「結果を出せる」という捉えから、「可能性を伸ばせる＝成長できる」という捉えになった。 | | はじめのうちは、自分との関わりが少なかったが、問いを自分に引き寄せて考える姿が見られるようになった。 |

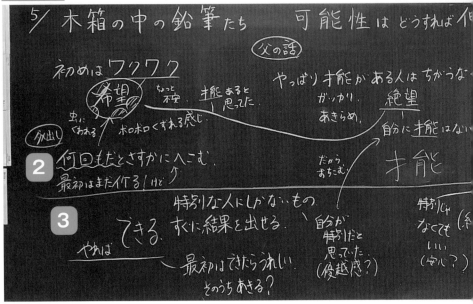

| 第1時 | 可能性はどうすれば伸ばせる |

**1** これからの中学校生活を通してどんな人になりたいかビジョンをもたせ、ユニットを通した問いに意識を向けさせる。

**2** 教材「木箱の中の鉛筆たち」を提示した後、ホットシーティングで「私」になった生徒にインタビューしていき、「私」へ共感的な理解を促す。

T 中学校生活を終えるときにどんな人になっていたいですか？

C 志望校に合格できるような点数を取れる人。

C 今の3年生の先輩みたいに大会で活躍する選手になりたい。

C 今は思いつかないから、これから見つけていきたい。

T どうすればみんなの可能性は伸ばせるんだろうね？

T 編集者に原稿を突き返されたときはどんな気持ちでしたか？

C 最初は負けないと思ったけど何回も続くとさすがにへこむ。

T お父さんとの話の後、お父さんを見る目はどう変わりましたか？

C 最初は才能がなかったかもしれないけど今のお父さんはかっこいいと思う。

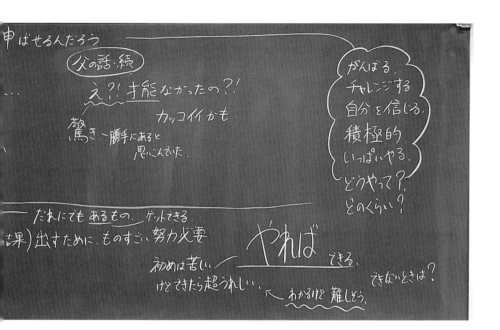

# んだろう？

**③** 才能とは何かについて話し合うことを通して、テーマについての共通解を探っていく。

T 「私」にとって才能ってどういうものになったと思いますか？

C 最初は特別な人にしかないものと思っていたけど、誰にでも得られるものに変わったと思う。

C あんまり努力しなくても結果が出せると思っていたけど、ものすごく努力がいるものだと気づいた。

C 「やればできる」だけど、その「やれば」が大きいもの。最初は苦しいんだけど、できたときはすごくうれしい。

## 次時へつなげるポイント

　生徒たちは、可能性を伸ばすためには努力が必要であるということはもともと分かっていたが、それは非常に大きな量の努力をしなくてはいけないことに改めて気づいた。同時に、そのたくさんの努力を実行することの難しさにも気づいているので、「『私』はこの後たくさんの努力をすることができたのかな？」と問いかけると、「（自分だったら）くじけそう」、「途中で止めそう」と多くが考えていた。「分かったこと＝できること」ではないので、実行可能かを考えさせることで、次時へつなげる。

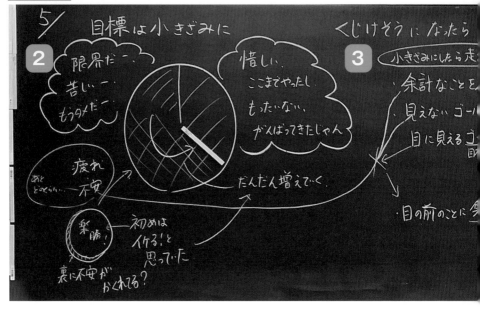

## 第2時 くじけそうになったらどうしよ

**1** 目標を立てたけど、うまくいかなくてくじけたり、くじけそうになったりした経験について語り合い、教材への意識づけをする。

T くじけそうになったことはありますか？

C あんまりないですね。

C 失敗すると、いつもです。

T 途中で止めちゃうんですか？

C 長続きしないですね。

C 何回かやってできそうにないときは、諦めちゃいますね。

T くじけそうになったときはどうすればいいんだろうね。

**2** もう走れる気がしないくらい苦しいときの主人公の葛藤場面について共感的に考えることを通して、その心情に自我関与させる。

T もう限界ですね。

C 限界ですね。

T でも惜しいと思っていますね？

C せっかくここまで走ってきたからもったいないと思って。

C 疲れているってことはそこまでがんばってきたからで、そのがんばりを無駄にしたくない。

T その気持ちを円グラフで表現してみると？

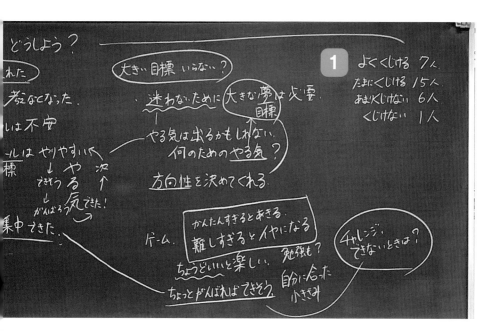

# う？

**3** 目標を小刻みにすることの
よさについて考える。

T　疲れは増していたのに、最後まで走
　れたのはどうしてですか?

C　えーと、余計なことを考えないから
　逆に体が動いてくれた。

C　先にある見えないゴールは不安が
　いっぱいだけど、「目標が目に見える
　ところにあるからがんばろう」って
　気持ちが少しずつ出て、弱気が減っ
　ていった感じ。

T　やる気が少しずつ出たんですね。

C　目の前のことに集中できる感じ。

T　じゃあ大きい目標っていらないのでは?

　目標を小刻みにするということ
は、夢や目標自体を小さくしてし
まうということではなく、達成感
を味わうことでやる気につなが
り、その積み重ねが夢や目標まで
自分の取り組みをつなげてくれる
ものだということを理解してい
た。生活経験と結びつけた意見を
共有して実践意欲へつなげる。

　しかし、失敗をすることを恐れ
て、そもそもチャレンジをしない
という人も多いので、目標を立て
てもうまく取り組めない人はどう
すればいいのか、という問題意識
をもたせて、次時へつなげる。

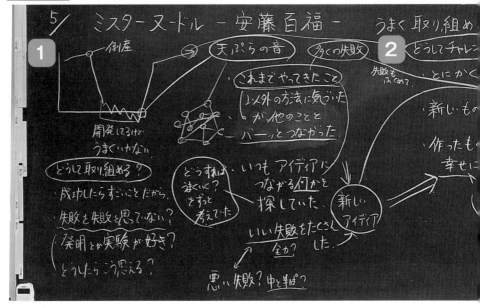

第3時　うまく取り組めないときはどう

　　　安藤さんの新発見の場面を通して新しいアイデアに気づくために大切なことが何かについて話し合う。

　　　結果を出した安藤さんが開発を続ける理由について考えることを通して、取り組むことの楽しさなどに気づかせる。

T　安藤さんはどうして新しいアイデアに気づけたんだろう？

C　天ぷらの音を聞いたから。

C　ここまで、やってないことはないと思ったけど、まだあったことに気づいた。

C　今までやってきたことと、油で揚げるってことが、なんかつながって、一個つながったらバーってどんどんつながっていった。

T　お金に困らなくなったのに、どうして開発を続けられたんだろう？

C　産みの苦しみみたいなのがあったと思うけど、その苦しみを超える喜びを感じられたんだと思う。

C　つくった喜びもそうかもしれないけど、他の人がそれを美味しいって食べてくれるのを見てうれしいから、別のものにチャレンジするのかも。

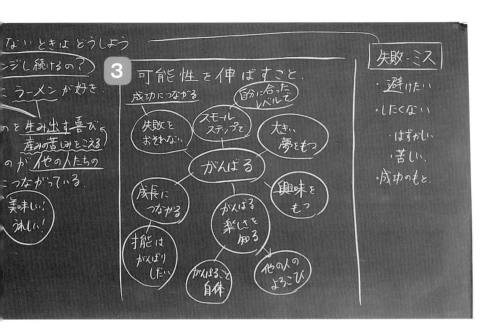

（以下、板書内）

ないときは どうしよう
ンジし続けるの？
ラーメンが好き
を生み出す喜びを
産みの苦しみをこえる
のが 他の人たちの
につながっている
美味い！
嬉しい！

成功につながる
自分に合ったレベルで
失敗をおそれない
スモールステップで
大きい夢をもつ
がんばる
成長につながる
興味をもつ
才能はがんばりしだい
がんばる楽しさを知る
がんばること自体
他の人のよろこび

失敗・ミス
・避けたい
・したくない
・はずかしい
・苦しい
・成功のもと

# しよう？

3 ユニットの3時間を振り返り、自分のこれまでの生き方と重ねたり、比較したりしながら、自分の可能性の伸ばし方について考える。

T ここまでの学習を通して、可能性についてどう考えましたか？

C なんかこれまでは「がんばる」ってただ言っていて、うまく続かなかったことが多かったけど、それは「がんばる」ってことを考えてこなかったからかもしれない。

C たしかに、いろいろながんばり方を知れたからがんばれそうだし、可能性も伸ばせそうな気がする。

　興味をもって、とことんやってみると、失敗を失敗とも思わない取り組み方もあるということを理解していた。

　ここまでの3時間で、分かっているつもりのことについて、問い返され、いろいろな考えを出し合うことで、自分との関わりの中で、多面的・多角的に「がんばる」ことについて考えることができていると思う。それぞれが、これからのがんばり方のヒントを見つけることができると、今後の中学校生活に生かしていこうとする実践意欲につながる。

[問い]

# 人と人とが支え合って生きることは、どうして大切なんだろう

## ■ 実践のねらい

❶中学1年生は、新しい環境の中で、人との見方や考え方の違いを理解するようになる。そこで、友情や寛容、思いやり・感謝の授業を通して、人と人とが支え合って生きることの価値について考えさせる。

❷自分の角度や視点から物事を見ることが多い発達の段階を踏まえ、多様な個性を認め、それぞれの差異を尊重する授業を通して、人と人とが支え合うことのよさを実感させる。

## ■「問い」と「構成」づくりのポイント

支え合って生きることは、人と人とが生活していく上で大切な心情である。一方で、中学生になると自立心の高まりとともに、相手の立場に立って考えることができず、支え合う価値に気づかないこともある。

そこで、第1時は友情を取り上げ、友人関係についての話合いを通して異性への理解を深め、互いの個性を尊重し、ともに成長していくことの価値を考える授業とした。教材は学級の中の班活動を扱っているので、生徒に身近な内容である。友達とともに成長していくために必要なことを見つめることで、相手の立場を尊重し、認め合うことの大切さについて気づかせたい。

第2時は寛容の心を取り上げ、それぞれの立場を尊重して、いろいろな見方があることを考える授業とした。教材はインターネット上のコミュニケーションの取り方から相手の立場を尊重することの大切さを扱っているので、生徒の日常生活に近い内容である。

第3時は思いやり・感謝を取り上げ、多くの人々の善意や支えにより、現在の自分があることに気づかせる授業とした。授業が進むにつれて、相手の立場や考えを受け止め、そのぬくもりや温かさから互いに支え合うことのすばらしさに迫りたい。

## ■ [ユニット] 授業ストーリー

**使用教材** ①東京書籍「新しい道徳1」 ②文部科学省「私たちの道徳 中学校」

**第1時** 友達とともに成長していくために必要なことは何だろう？

> **主 題**「友達とともに」 B(8)
>
> **内容項目** 友情、信頼 **提示教材**「班での出来事」(教材①)
>
> 第1時では、互いの個性を認め合いながら相手の意見を尊重し、心情を理解し合うことを通してともに成長できる友情の価値について考える。授業では、生徒同士が登場人物のそれぞれのよさや足りない点について自分の考えを述べ合う時間をもつことで、いろいろな感じ方や考え方に触れながら、お互いの自己肯定感を高めていくことも期待できる。

**第2時** なぜ、それぞれの個性や立場を尊重することが大切なのか？

**課題探求のプロセス**

> **主 題**「寛容の心」 B(9)
>
> **内容項目** 相互理解、寛容 **提示教材**「言葉の向こうに」(教材②)
>
> 第2時では、それぞれの立場を尊重し、いろいろなものの見方や考え方があることを理解して、広い心で他を受け入れることの価値について考える。インターネット上の書き込みによる相手との心のすれ違いから言葉のやり取りの難しさに直面した主人公の姿を通して、他の人の考え方を尊重することが人間相互の理解となり、自分の成長につながることに気づかせる。

**第3時** 人と人とが支え合って生きるとは？

> **主 題**「温かい人間愛」 B(6)
>
> **内容項目** 思いやり、感謝 **提示教材**「帰郷」(教材②)
>
> 第3時では、主人公が多くの人々の支えにより、日々の生活や現在の自分があることに気づく姿を通して、温かい人間愛について考える。中学生の時期は自立心が強まって自己を過信したり、他を省みない行動に走ったりする場合もある。この授業では、主人公が感じた故郷のぬくもりや人情について考える姿に寄り添いながら人と人とが支え合って生きることの価値に迫る。

> **自己の生き方についての考えの深まり**

## ■授業を通じて子どもが考えを深めていくための工夫

### 子どもの考えを深める教師の技

### ワークシート

・中心発問を記入するシートである。（考えさせたい発問に集中させる）
・中心発問は、生徒が自分で書く。（中心発問を記憶する）
・話合いメモ欄に友達の考えを記録できる。（多面的・多角的思考への導きとなる）
・話合い活動中に「なるほど」と思ったことがメモできる。（新しい見方や考え方への気づきを文字化する）

### 振り返りシート

・現在の自分を振り返り、道徳的価値のよさや実現することの難しさを自分のこととして捉え、考えることができる。
・授業を終えて新しい見方や考え方に気づき、これまでの自分の考えを発展させた生き方を自覚できる。
・「今日の学習について振り返ってみよう」を記入することで、授業への自己評価ができる。

## 🖋指導のポイント

　本ユニットは、テーマとして取り上げた「人と人とが支え合って生きることの大切さ」に迫るために、4つの視点の中の「B 主として人との関わりに関すること」の内容項目から3つを選択して、複数価値の視点から多角的・多面的に考え、テーマに対する深い理解を図ることを意図したパッケージである。

　中学校の段階は、心身の発達が著しく、他者との関わりを求めながらも自我に目覚め、悩み、葛藤する時期である。本ユニットを活用することで自己を人との関わりで捉え、望ましい人間関係を構築する指導が可能である。授業では、①自分との対話、②少人数や学級全体での話合い、③振り返りを取り入れることで自分の考えを発展させ、新しい見方や考え方に気づかせることができる。

| Aさん | 課題探求のプロセス | Bさん |
|---|---|---|

### Aさん

**[導入時の姿]**

自分の好きなことには一生懸命に取り組むが、他の人の状況を考えて、協力したり誠意を見せたりすることが苦手である。

### Bさん

**[導入時の姿]**

元気でパワーに溢れ、クラスの中心的な存在である。アイデアを出して物事を推進するが、独りよがりなところがある。

**第1時**

**Aさん：** 展開の最初では、登場する女子の感情的で閉鎖的な場面を取り上げて班のまとまりのなさを指摘していた。中心発問では「お互いの協力関係があってこそ友情が成り立つ」と書き、友達とともに成長することの大切さについて考えることができた。

**Bさん：** 男女の意見が合わない場面では、それぞれの偏った見方をあげて、まとまりのなさを指摘していた。中心発問では「一人一人が相手のことを考えて意見を言うべき」と書き、互いの立場を尊重することの大切さを伝えていた。

**第2時**

**Aさん：** 最初は必死で反論している主人公の気持ちに同調し、ファンなのだから心無い書き込みに我慢できない気持ちを認める発言をしていた。終末では、ネット上のやり取りがその人の全部ではなくて、一部と考えれば、冷静になれたことを指摘できた。

**Bさん：** 同じファンからの忠告に責められる主人公の気持ちを理解していたが、一番大事なことを考える場面では、「字面にとらわれるのではなく、言葉の奥にある人の気持ちを考えること」と書き、相手とのコミュニケーションの取り方を考えていた。

**第3時**

**Aさん：** 故郷に向かう電車の中で、緊急入院した母のことが心配だけれども、自分の仕事のことも気になっていた。中心発問では、これまで自分のことしか考えていなかった主人公に気づき、母や町の人たちに支えられてきたことへの感謝を発言できた。

**Bさん：** 授業の前半では、母を気遣ってくれる故郷の人々の思いやりや親切が、母だけでなく主人公にも寄せられていることを考えていた。終末では、人の支えや思いやりに感謝し、自分が相手を思いやることの大切さについて発表していた。

**[変容した姿]**

**Aさん：** 3時間の授業を通して、協力や人の気持ちを理解すること、思いやりによって感謝が生まれることに気づくことができた。

**Bさん：** 3時間の授業から、よいと思ったことも状況を判断して実行することや人を支えることのよさについて気づく姿が見てとれた。

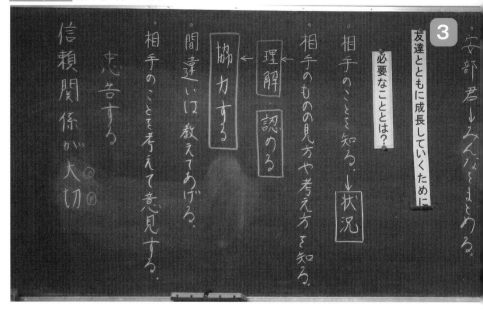

### 第1時 友達とともに成長していくため

**1**
　　　　ユニットのテーマ「人と人とが支え合って生きること」から思い浮かぶことを身近なことから考え、自由に発言する。

T　「人と人とが支え合って生きる」という言葉から、思い浮かんだことを発表してください。

C　大震災や台風被害の後の避難所生活の番組を見たとき「支え合っている」と思ったことがある。

C　シャーペンを忘れたとき、友達が貸してくれたのも、ある意味支え合いかな。

C　それなら、班の給食当番も「支え合う」ことなのかもしれない。

**2**
　　　　本時の問いを示し、教材範読後、班の男女の意見のずれに触れながら、友情を深めるためには相互理解が大切であることに迫る。

T　班の人たちが仲よくなっていったのは、お互いにどんなことが理解できたからだろう。

C　気配りのよさや、優しさに気づいたことが理解できたからだと思う。

C　山田さんは学校のことだけでなく、帰宅後は家事をほとんどこなしていることが分かったこと。

T　班員のよさや事情が分かり、足りなかったことに気づき始めたんだね。

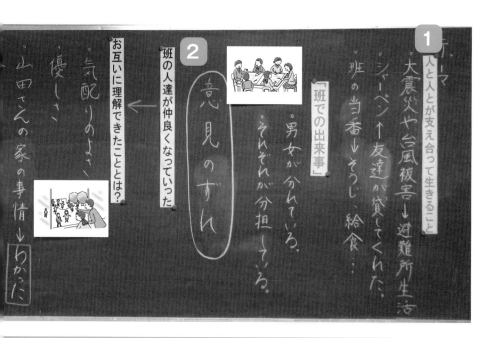

# に必要なことは何だろう？

**3** 班活動後、本時の学習テーマ「友達とともに成長していくために必要なことは何だろう？」について個々の考えをまとめていく。

**T** 友達とともに成長していくためには何が必要だろう。

**C** まず、相手の状況を知ることかな。

**C** 相手のものの見方や考え方を知り、協力することも大事だと思う。

**C** でも、間違っていることもあるから、しっかりと教えてあげることも大切ではないかな。

**C** 一人一人が相手のことを考えて意見を言うことも必要だと思う。

### 次時へつなげるポイント

ユニットのテーマ「人と人とが支え合って生きること」について考えさせ、自由に発言させることで、生徒はこれからの授業への見通しがつき、興味・関心が高まったと感じた。第1時の、心情を理解し合うことを通してともに成長できる友情の価値の学習では、班学習で自分の考えを述べ合うことで、相手のものの見方や感じ方を知るとともにお互いの自己肯定感を高めるきっかけにもなったと思われる。「支え合って生きる」価値は奥が深く、今回の授業は序章として今後につながると感じた。

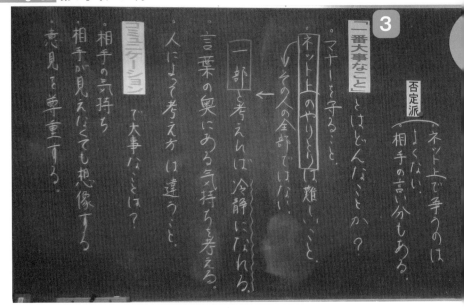

## 第2時 なぜ、それぞれの個性や立場

**1**　広い心で他を受け入れることの大切さに気づかせる教材として「言葉の向こうに」を用い、個性や立場の尊重を通して本時の問いに迫る。

T　インターネット上で相手とやり取りするときにどんなことに気をつけるかな。

C　遅い時間にやり取りしない。終わりたいときは絵文字にしている。

C　内容を文字で正確に伝えること。

C　言いたいことが伝わらなくて、けんかになったことがある。

C　文は長くないほうが、相手に伝わりやすいと思う。

**2**　教材範読後、悪口を書き込んだ相手に必死で反論している主人公の気持ちを考え、心情円盤で自分の考えを表現する。

T　反論している主人公の気持ちについて「肯定派」「否定派」として、心情円盤で自分の考えを表現し、その理由も考えてみよう。

C　肯定派です。自分が応援している選手の悪口は許せないからです。

C　中間です。悪口は我慢できないけど、少し冷静さが足りないと思う。

C　気持ちは分かるけどネット上で争うのはよくない。ほぼ否定派です。

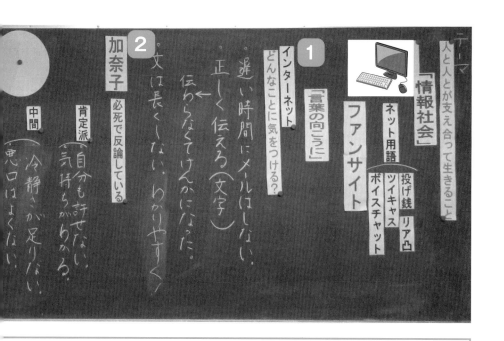

# を尊重することが大切なのか？

**3** 同じファンから忠告されて、言葉の向こうにいる人々の顔を思い浮かべた主人公の姿から、それぞれの個性や立場を尊重することの大切さについて考える。

T　主人公は「一番大事なこと」に気づきます。何に気づいたのかな。

C　自分も経験があるけど、ネット上のやり取りは、難しいっていうことかな。

T　どうして、難しいのかな。

C　ネット上のやり取りがその人の全部と考えるから。一部と考えればもっと冷静になれたと思う。

C　言葉の奥にある人の気持ちを考えていろいろな考えを受け止めること。

> 第2時では、中学生にとって身近な情報化社会でのできごとを通して、それぞれの立場を尊重し、いろいろなものの見方や考え方があることを理解し、寛容の心の大切さに迫った。人と人との関わりは、今やICT機器を抜きにしては考えられない。そうした現実に向き合って、文字を介して他の人の考え方を尊重することも相互理解の鍵となり、顔が見えない相手との関わり方が自分の成長につながることに気づかせた。今後は、支え合う領域を家族や地域に広げて、「問い」への納得解を求めていく。

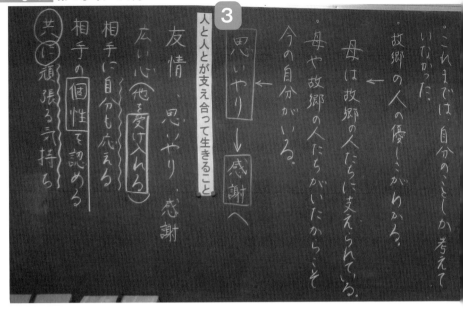

### 第3時 人と人とが支え合って生きると

**1** ユニットの最終章である。これまでの時間で考えたことを振り返りながら、「支え合って生きる」ことの大切さに迫る。

T　班の仲間やネット上での人と人との関わりについて考えてきました。人と人との関わりの中で支え合って生きるとはどういうことかな。

C　困っていたら、助け合うこと。

T　**困っているときだけかな。**

C　普段から助け合いや協力があるよ。みんなでやるとなんか楽しいし、相手を理解することが始まりだと思う。

C　思いやりや感謝なども支え合いの中から生まれるかもしれない。

**2** 教材範読後、主人公が故郷に到着する前と到着した後の心の変化をたどりながら、引き返す電車の中で考えたことについて、意見交換する。

T　帰りの電車の中で、主人公は何かに気づいたとしたら、どんなことかな。

C　故郷の人たちの母への思いやり。

C　母だけじゃなくて、自分のことも心配してくれていたこと。

T　**「自分のことも心配してくれたこと」で気づいたことはなかったかな。**

C　母だけでなく町の人にも支えられて今の自分が存在していることに気づいたんだと思う。感謝が生まれた。

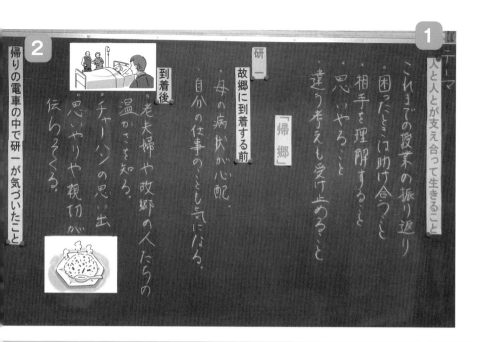

**テーマ**

**1**

人と人とが支え合って生きること

『帰郷』

研一

これまでの授業の振り返り
・困ったときには助け合うこと
・相手を理解すること
・思いやること
・違う考えも受け止めること

**2**

故郷に到着する前
・母の病状が心配
・自分の仕事のことも気になる。

到着後
・老夫婦や故郷の人たちの
・温かさを知る。
・チャーハンの思い出

帰りの電車の中で研一が気づいたこと
・思いやりや親切が伝わってくる。

---

## は？

**3** 3時間の授業を振り返り、「人と人とが支え合って生きるとは?」という「問い」についての考えの深まりを発表し全体で共有する。

T これまでの3時間を通して、それぞれの時間で考えたことを関連づけて考えてみましょう。

C 支え合って生きるためには、友情や広い心、思いやりが大事だと思う。

C それも大事だけど、相手の思いに自分も応えることが大切だと思う。

C 人には個性があるからそれを認めつつ、一緒にがんばる気持ちだと思う。

### 授業を終えて

第3時は、複数価値の視点から多面的・多角的に考えテーマに対する深い理解を図ることに迫った。

この3時間を通して、道徳的価値を自己と他者との関わりで捉え、望ましい人間関係を構築するための指導ができたと思う。ワークシートを活用した自己との対話、話合い活動、振り返りの時間設定を効果的に取り入れることで自分の考えをもちながら、多様な個性を認め、それぞれの差異を尊重する授業となった。ユニットを通して新しい見方や考え方に気づき、生徒の心の成長をはぐくむ授業を今後も実践したい。

[問い]

# かけがえのない生命を尊重するとはどういうことだろう

## ■ 実践のねらい

❶自分が、今ここにいるという生命の偶然性と、自分が生きているのは親や祖父母などが命をつないでくれたおかげであるという生命の連続性について考えることにより、自分の生命の大切さを深く自覚できるようにする。

❷自分の生命、家族の生命が多くの人に支えられて得られたかけがえのないものであることを実感させた上で、すべての人々の生命は等しく尊重されるべきものであるということが理解できるようにする。

## ■「問い」と「構成」づくりのポイント

「一番大切なものは何か」と問えば、ほとんどの生徒が「生命」と答えるように、生命が唯一無二のものであることは誰もが知っている。しかし、ややもすると、自分の生命を軽んじる行動をとることがある。そのため、生命の大切さを深く自覚し、生命を尊重する行動をとれるようにすることが重要である。そこで、第1時は、赤ちゃんの誕生を通して、自分が生まれ、今、生きていることの不思議さや、自分の命が過去の多くの人々からつながっているという事実への畏敬の気持ちを実感させるような問いと構成を工夫した。

第2時は、生きる気力を失いかけている祖母と家族とのつながりを、孫の「私」の視点から見つめた教材である。家族愛をねらいとしながらも、命あるものは互いに支え合って生き、生かされていることに感謝の念をもち、有限な生命を精一杯生きようとする心情を育てる。

第3時では、他者の生命に目を向けさせ「生命を尊重するとはどういうことだろう？」という問いについて、マザー・テレサの生き方を通して考える。テレサの生き方から自他の生命を尊ぶ態度を身につけようとする意欲を育てる構成を目指した。

## ■ [ユニット] 授業ストーリー

**使用教材** 日本文教出版「中学道徳 あすを生きる1」

**第1時** 自分の生命を尊重するって、どういうことだろう？

> **主題**「生きることの素晴らしさ」 D(19)
> **内容項目** 生命の尊さ **提示教材**「あなたはすごい力で生まれてきた」
>
> 第1時では、NHK for School「赤ちゃんの誕生」を用いる。生まれようとする赤ちゃんに自我関与したり母親の思いに共感したりすることで、自分の生命は自分だけのものではなく、支えてくれる多くの人のものでもあることを実感させる。そして、「かけがえのない生命を尊重するというのはどういうことだろう」というユニットを貫く問いを提示し、ユニット全体を通して考えることを確認する。

**第2時** 家族の生命を尊重するって、どういうことだろう？

> **主題**「支え合う家族」 C(14)
> **内容項目** 家族愛、家庭生活の充実 **提示教材**「家族と支え合うなかで」
>
> 第2時は、生きる気力を失いつつある祖母を支え、「生きる力」を取り戻させたいと願う中学生の作文教材である。「私」の思いを通して、中学生は生命を支えられる側でもあり支える側でもあることに気づかせる。キーワードの「生きる力」について、家族との関わりという視点から考え、話し合うことで、生きることの大切さへの思いを深めることをねらいとする。

**課題探求のプロセス**

**第3時** 他者の生命を尊重するって、どういうことだろう？

> **主題**「生まれてきた大切な生命」 D(19)
> **内容項目** 生命の尊さ **提示教材**「あふれる愛」
>
> 第3時では、マザー・テレサの生き方を描いた教材を通して、他者の生命を大切にするということはどういうことなのかを学ぶ。第1時で自分の生命、第2時で家族の生命について考えた。第3時では誰の生命であっても公平に尊重するとは、具体的にどのような行動をとることなのかを学び、「生命を尊重するとはどういうことか」という問いに対する納得解を紡げるようにする。

## 自己の生き方についての考えの深まり

## ■授業を通じて子どもが考えを深めていくための工夫

### 子どもの考えを深める教師の技

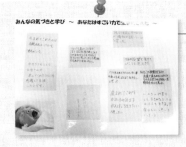

#### 思いを繋ぐ付箋

道徳ノートに各自記入している振り返りを、ユニットを通して共有したいと考え、振り返りを付箋に記入させ、道徳コーナーに掲示する。「自分から家族」「家族から他者」へと対象を広げていくことで、ユニットを貫く問いに対する意識を高めていく。

### 臨場感や参加意識を高める ICT の活用

教材の中には、地理的、時代背景的な違いから、生徒の教材理解が難しいものもある。生徒の教材理解を補助するために、ICT を活用する。電子黒板を使って画像、動画などの視聴覚的補助教材を活用する。また、Chromebook の Classroom 機能を使って、普段は全体の場での発表に消極的な生徒の考えや思いを吸い上げたいと考えた。全体でのシェアリングの場面で取り上げ、話合いへの参加意識を高める。

### 🖊️ 指 導 の ポ イ ン ト

　納得解を紡ぐためには、教材の内容や問いを、自分ごととして捉えることが大切である。特に本ユニットにおいては、生命を尊重する態度を身につけさせることをねらいとしているため、生徒が教材を正しく理解して自我関与することと、授業の連続性を意識して考えることが必要である。そのため、画像や「NHK for School」などの視聴覚教材を導入時に活用したり、前時の振り返りを紹介したりすることが、ユニットのテーマを想起させる手助けとなる。ICT の活用では、Jamboard を使用することで対面することなくグループでの話合い活動を進めることができる。発表が苦手な生徒も、Jamboard に書き込むことで考えを伝えたり、シェアしたりすることができる。

## Aさん

[導入時の姿]

> 「赤ちゃんは生まれることに一生懸命で何も考えていない」と客観的に捉えていて、自分と重ねることが難しかった。

**第1時**

自分が生まれたときのことを、うれしそうに語っていた。「自分にとって生きていることとは？」と問われると、「生まれてきて呼吸をしたり動いたりすることは、すごいことだと思った。今、生きていてよかった」と、自分の言葉で思いを発表した。

**第2時**

はじめは主人公と同様に「嫌だな」という気持ちだったが、「自分が変わったことで、祖母も家族も感謝してくれている」という思いをもった。最後は「自分も祖父母が倒れたときは介護しようと思った。生きることが大事だ」という感想を発表した。

**第3時**

マザー・テレサの考えに共感し、「まだ生きているのだから助けたい」と発表した。そして「生命を大切にするには優しさが大切。優しさって人それぞれ違って、その優しさの中で生きているんだなと思った」という、自分なりの納得解にたどり着いた。

[変容した姿]

> 生命の大切さについて、多面的・多角的な考え方ができるようになった。生命について複数の価値を包括的に捉えられるようになった。

## Bさん

[導入時の姿]

> 生まれるときの気持ちを、「新しい世界はどんな感じだろう」と期待感をもって表現した。家族も楽しみにしていると発表した。

**第1時**

授業後の感想に「つらいこと、楽しいことなどさまざまな経験を乗り越えて今があるから、今を大切に生きようと思った。そして、感謝を忘れずに生活したい」と、自分の生命が周囲の人々に支えられたものであることに感謝の気持ちを表した。

**第2時**

前時の「支え合い」という意識が強く残っていたようで、自分と家族との関わりを考えて発言した。「自分はたくさんの人に支えてもらってこうして生きているので、自分も誰かの支えになれたらいいと思った」という感想を発表した。

**第3時**

3時間を通して「一人一人の生き方を尊重し互いに支え合って生きていくことが、今の自分にできることなのかと思った。世界のことを知り、個性を認め合うなど、小さなことでも世界が変わる第1歩になるのかなと思った」という思いをもった。

[変容した姿]

> 第1時に自分が強く感じた「支え合う生命」を自分なりの問いと捉え、3時間を通して自分なりの納得解を探求していた。

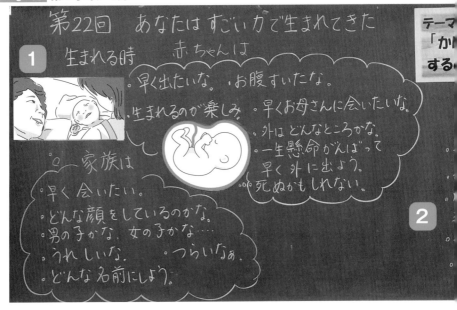

| 第1時 | 自分の生命を尊重するって、ど |
|---|---|

**1** NHK for School「赤ちゃんの誕生」の動画を視聴し、教材文を読んだ後で、生まれるときの赤ちゃんや家族の気持ちを考え、話し合う。

**2** 「自分がすごい力で生まれてきて、今、生きていることをどう思うか」について考え、話し合い、共通解を導き出す。

T 生まれるとき、赤ちゃんはどんな気持ちだろう。

C 早く生まれたいな。楽しみだな。

C 早くお母さんに会いたいな。

C 死ぬ危険性もあるから怖いな。

C 一生懸命がんばらないと。

T 家族はどう思っているのだろう。

C 早く会いたいな。

C どんな顔をしているのだろう。

C つらいな。でも、がんばらないと。

T みんなも先生も、こんなふうに「すごい力で生まれてきて、今、ここで生きている」んだね。そのことを、あなたはどう思う?

C 僕は生まれたとき、産声をあげなかったそうだ。だから、今、生きていることがすごいことだと思う。

C 命の危険を乗り越えて生まれてきたことが奇跡だと思う。

C 生まれてこられたのは両親のおかげ。

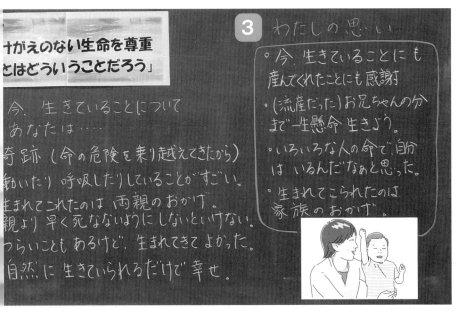

けがえのない生命を尊重
とはどういうことだろう」

今、生きていることについて
あなたは……

奇跡（命の危険を乗り越えてきたから）

動いたり呼吸したりしていることがすごい。

生まれてこれたのは両親のおかげ。

親より早く死なないようにしないといけない。

つらいこともあるけど、生まれてきてよかった。

自然に生きていられるだけで幸せ。

**3** わたしの思い

・今、生きていることにも
　産んでくれたことにも感謝

・（流産だった）お兄ちゃんの分
　まで一生懸命生きよう。

・いろいろな人の命で、自分
　はいるんだなぁと思った。

・生まれてこられたのは
　家族のおかげ。

# ういうことだろう？

**3** 「自分の番　いのちのバトン」
（相田みつを）の詩を読んだ後にユニットのテーマを知り、「かけがえのない生命」について納得解を探求する。

**T** 今日の授業を通して、あなたは生命について、どんなことを考えましたか？

**C** 自分が今、生きていることにも、産んでくれたことにも感謝している。

**C** 私は、流産で生まれなかったお兄ちゃんの分まで一生懸命生きたい。

**C** いろいろな人のおかげで、今、自分がここにいるんだなと思った。

**C** 両親のおかげで生まれたのだから、親より先に死ねないと思った。

次時へつなげるポイント

○詩「自分の番　いのちのバトン」

　ある生徒が感想に「今、この体でここにいることがすごい」と書いたので、理由を尋ねたら、「だって、自分が自分として生まれ、この体をもらって、今ここにいるって、奇跡だよ」と話してくれた。生命の不思議さを感じ、生命を紡いでくれた両親や過去の親族たちに思いを馳せていた。次時につなげるために「いのちのバトン」の詩を読んでからユニットのテーマを提示したので、テーマを印象づけることができた。多くの生徒が、家族への感謝を口にしていた。

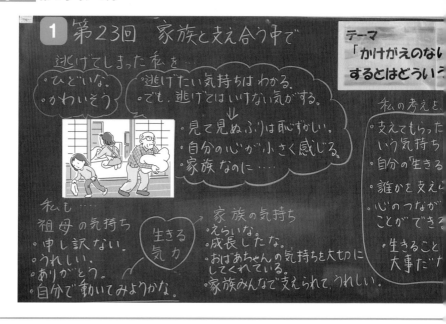

## 第2時　家族の生命を尊重するって、ど

### 1

「逃げてしまった『私』への思い」と「『私』が祖母の世話をすることで、祖母や家族はどう思うのか」について考え、話し合う。

T　逃げてしまった「私」のことを、あなたはどう思う？

C　ひどいな。

C　でも、逃げた気持ちも分かる。

T　「私」が世話をすることで、祖母や家族はどう思うのだろう。

C　（祖母の気持ちとして）申し訳ないな。

C　自分で動いてみようかな。

C　家族と一緒に祖母の世話をしてくれてうれしい。

### 2

「自分が支えとなれる存在がいることに感謝」しているという「私」の考えについて、自分がどう思うかを考え、話し合う。

T　「自分が支えとなれる存在がいることに感謝」しているという「私」の考えについて、あなたはどう思う？

C　「これまで支えてもらったから、私も周りの人を支えていきたい」という気持ちが伝わってくる。

C　私もこの人のように、誰かを支えられる存在になりたいと思った。

C　心のつながりが、生きる力を支えることができるんだなと思った。

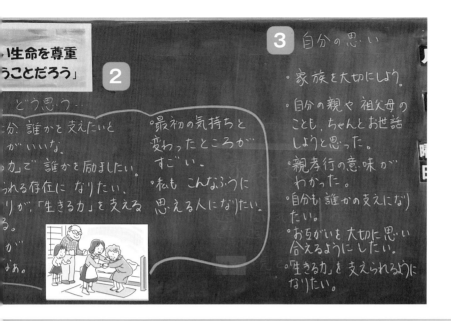

# ういうことだろう？

**3** 全体での話合いの後に、本時を通して学んだことや本時の問い「家族の生命を尊重するとはどういうことか」について考えたことを発表し、交流する。

T　授業を通して自分が学んだことや、生命について考えたことは何だろう。

C　自分の家族に介護が必要になったら、自分が支えていきたいと思った。

C　私も、家族の一員であることを忘れずに誰かの支えになりたいと思う。

C　家族の「生きる力」を支えられるようになりたいと思った。

C　「生きる力」を支えていくには、家族の絆が必要だと思った。

## 次時へつなげるポイント

### ○キーワード「生きる力」

　本時は「家族愛」をねらいとしながらも、教材中の祖母の「生きる力」というキーワードに着目させることで、「かけがえのない生命」という意識を自分から家族へと広げることができた。ある生徒は、「人と人との心のつながりが『生きる力』を支えるものだと思った。これまでは家族に支えてもらってきたから、今度は自分が支える側になりたい」という思いを発表してくれた。そこで、「次の時間は他の人の生命について考えよう」と話し、次時につなげた。

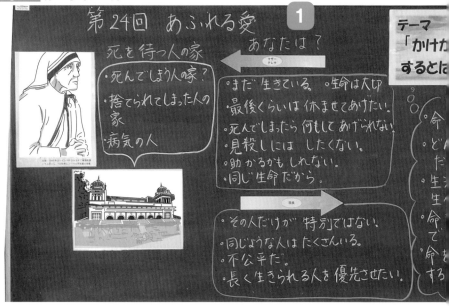

## 第3時 他者の生命を尊重するって、ど

<table>
<tr>
<td>

**1** マザー・テレサについての動画注を視聴し、環境や人物に対する理解を深める。また、院長の言葉にも生命の真実があることに気づかせる。

</td>
<td>

**2** 「マザー・テレサは生命についてどんな思いをもっていたのだろう」という問いについて、自分なりの考えをもって、話し合う。

</td>
</tr>
</table>

T あなたは、テレサの考えと、院長の考えの、どちらに共感する？ 自分の名前を動かそう。また、自分の考えを付箋に書いて Jamboard に貼りつけよう。（Chromebook 利用）

C 院長の考えも分かる。同じような人はたくさんいるのだから、長く生きられる人を優先するべきだと思う。

C でも、その人は生きているのだから見捨てられないテレサに共感する。

T マザー・テレサは、生命について、どんな思いをもっていたのだと思う？

C どんな人の生命だって、みんな平等で大切なものだ。

C たくさんの人の生命は救えなくても目の前の人ぐらいは助けてあげたい。

C 目の前の人も救えなくては、生命を大切にしているとは言えないと思う。

C 世界中の人の生命は、みんな同じように重い。どの生命も平等だと思う。

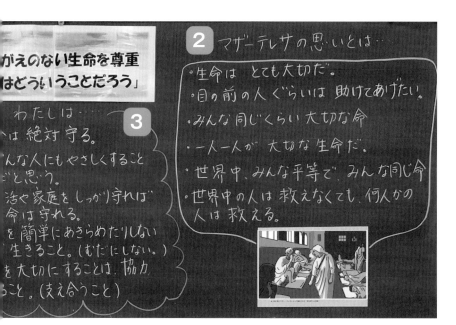

（黒板）
「がえのない生命を尊重
はどういうことだろう」

わたしは……
は 絶対 守る。
んな人にもやさしくすること
だと思う。
活や家庭を しっかり守れば
命は 守れる。
を簡単にあきらめたりしない
生きること。（むだにしない。）
を大切にすることは。協力
こと。（支え合うこと）

**2** マザーテレサの思いとは…
・生命は とても大切だ。
・目の前の人 ぐらいは 助けてあげたい。
・みんな 同じくらい 大切な命
・一人一人が 大切な生命だ。
・世界中、みんな平等で、みんな同じ命
・世界中の人は 救えなくても、何人かの
　人は 救える。

---

# ういうことだろう？

**3** 「かけがえのない生命を尊重するとはどういうことだろう」というユニットを貫く問いについて、自分なりの考えを紡ぐ。

**T** かけがえのない生命を尊重するとは、どういうことだと思いますか？

**C** 生命を大切にするとは、他人に対して優しくすることだと思う。

**C** どんなことがあっても、命を諦めてはいけないということだと思う。

**C** 何があっても生きることだと思う。

**C** 支え合うことだと思う。協力して支え合うことが尊重することだと思う。わたしは絶対に命を守る。

授業を終えて

「世界中には数え切れないほどの、たくさんの生命があり、一人一人の顔も性格も違う。だからこそ、一人一人の生き方を尊重し、互いに支え合って生きていくことが、今の自分にできることなのかなと思った。みんなが平等で、差別や戦争などがない世界にするためには、世界のことを知ったり、個性を認め合ったりするなど、小さなことでもいいから一つずつ行動していくことが、世界が変わる一歩になるのかなと思った。」

Bさんの感想全文である。ユニット化し感想を共有したことで、自分の納得解を紡ぐことができた。

注 「マザー・テレサ〜母なることの由来〜」

[問い]

# 「共によりよく生きる」とは、どういうことだろう

## ■ 実践のねらい

❶小学生時代の自分中心の考え方から視野を広げ、さまざまな集団や社会の中での自分の存在を見つめさせるとともに、その中での自分の在り方や生き方について考えさせる。

❷さまざまな集団や社会の中で一人一人が手を携え、協力し、誰もが安心して生活できるよう「共によりよく生きる」ことの大切を自覚させ、その中で自分を生かしていこうとする意欲をはぐくむ。

## ■「問い」と「構成」づくりのポイント

　共生という「問い」について、身近な集団である家族の中の共生を考えることからスタートし、仕事を通じての共生、そして最後に非日常の中での共生と徐々に思考や議論の空間を広げる。

　そこで、第1時は認知症の祖母と中学生の主人公の関わりを扱った教材を活用して、家族の中で世話されるだけの立場であった自分から、家族の一員として家族のために自分をどう生かすかという視点で共生について考えさせる。

　第2時では、家族という集団から視点を大きく社会へと広げていく

課題として「勤労」を扱った教材を活用し、「社会の中で自分を生かすということはどういうことなのか」という課題を設定する。

　第3時では、「震災という非日常の状況の中で『共によりよく生きる』ためには何が必要なのか」という課題を設定し、利他や共生の本質的な意味を深く考えさせていく。

　これまで世話される存在であった自分を見つめ直し、他者とつながり、他者と共に生きるために自分を生かすということについて視野を広げながら段階的に考えていくことができるよう構成を工夫した。

## ■[ユニット] 授業ストーリー

**使用教材** ①文部科学省「私たちの道徳　中学校」　②東京書籍「新しい道徳1」、
③福島県教育委員会「ふくしま道徳教育資料集」

**第1時** 家族と共に生きるってどういうことだろう？

> **主　題**「家族と共に生きる」　　　　　　　　　　　　C(14)
> **内容項目** 家族愛　**提示教材**「一冊のノート」(教材①)
>
> 第1時では、生活を共に営む家族の中での自分の役割を考えていく。
> 生徒は、主人公の姿を通して、これまでの支えられるだけであった
> 存在の自分に気づき、家族の一員として何か役に立ちたいと考え始
> めることが予想される。認知症の祖母との関わりという重い内容の
> 教材であるが、それゆえに人間理解にもとづいた深い学びを実現す
> ることができる。

**第2時** 働くってどういうことだろう？

**課題探求のプロセス**

> **主　題**「働くということ」　　　　　　　　　　　　　C(13)
> **内容項目** 勤労　**提示教材**「新しいプライド」(教材②)
>
> 第2時では、社会の一員としてどのように生きていくのかを「働く」
> ということから考えていく。働くことは、単に個人の好みや経済的
> な目的だけで行われているのではなく、自分の能力や資質を他者と
> の関わりの中で生かしていくことであり、そこに喜びがあることに
> 気づかせたい。そして、それが、他者と助け合いながら生きていく
> ことであるということを考えさせたい。

**第3時** 他者と共に生きるとはどういうことだろう？

> **主　題**「共に生きる」　　　　　　　　　　　　　　C(12)
> **内容項目** 社会参画、公共の精神　**提示教材**「塩むすび」(教材③)
>
> 第3時では、東日本大震災という未曾有の災害の中、避難所での非
> 日常の生活の中で社会参画や社会連帯の大切さに気づいていく主人
> 公を描いた教材から、一人一人が共に手を携え、互いに励まし合い
> ながら生きていくことの大切さについて考えていく。中学生といえ
> ども、社会を構成する重要な一員であることを強く意識し自覚する
> 1時間とする。

**自己の生き方についての考えの深まり**

## ■ 授業を通じて子どもが考えを深めていくための工夫

### 子どもの考えを深める教師の技

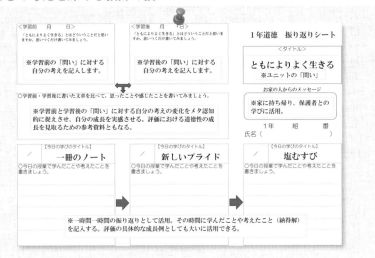

### 一枚ポートフォリオ（OPP）の活用

生徒が毎時間の振り返りの中で、自分の納得解を確認するとともに、学習が進むにつれて考え方がどのように変化していくかが一目で分かるようなポートフォリオ。学習の前と後での自分の成長をメタ認知的に捉えさせる上で有効。愛知県総合教育センター提案の OPP を参考として、3 時間ユニット対応型にしたもの。

### 🖋 指導のポイント

　ユニットを構成して授業プランをつくる場合、一時間一時間の授業の中で何を学び、それがどのようにユニットの中で変化していったかを教師はもちろん、生徒自身も捉えることが大切である。教師は自身の指導に役立て、生徒は「問い」に対する自分の考えを深めていくための重要な資料として活用する。ユニットを構成する意義は、ここにあると言っても過言ではない。

　そこで、生徒のそうした成長を一目で確認することができるようにしたのが、OPP である。振り返りの段階で、小集団で対話する際に活用することで他者理解にもつながるシートである。もちろん評価の際の貴重な資料ともなる。上下二段組を裏表に刷れば4時間以上のユニットでも対応可能である。

## Aさん

[導入時の姿]

自分中心の行動が目立つAさん。「共に生きる」とは、「協力して仲良く生きることだ」と記述していた。

ペア学習の際に、「おばあちゃんが可哀そう。認知症は仕方がないから、家族で助けてあげるべきだ」と記述し、その後の話合いでも、終始、祖母の立場から意見を述べていた。振り返りでは、自分の祖父との関わりについて記述していた。

授業の前半では、働く目的を「お金」と「夢の実現」と考えていたため、主人公が清掃の仕事に就く理由がはっきり理解できないようであった。しかし、小集団でのファシリテーションの中で、「他人に喜んでもらえるとうれしいから」ということに気づくことができた。

初発の感想で「なぜ、朝の仕事が増えても、最後にはもっと仕事がしたいと思えるのだろうか」と書いていたが、振り返りでは「避難所の様子をビデオで見たら、温かい塩むすびで人を喜ばせることは、すごいことだと分かった」と記述していた。

[変容した姿]

自分の損得を常に行動の基準においていたが、他者に対して喜びを与えることが自分の喜びにつながることを考え始めていた。

---

**課題探求のプロセス**

第1時

第2時

第3時

---

## Bさん

[導入時の姿]

学級のリーダーとして活躍できるBさん。「共に生きる」とは、「どんなときも助け合って生きていくこと」と記述していた。

主人公の心の変化に着目し、小集団の話合いの中で「自分が可愛がってもらったことに気がついて、その恩返しをしようとしている」と発言していた。振り返りでは、「家族は自分の成長を喜んでくれる存在だからこそ、苦しいときは支えたい」と記述した。

主人公の生き方に共感し、「新しいプライドとは、誰かの役に立てることの喜びである」とワークシートに記述していた。振り返りでは、「夢は自分のために実現するものと思っていたが、人のために働くことの方が喜びが大きく、それが夢になることを知った」と発表していた。

ペア学習の中で、教材中の「私」のはじめの頃の言動に対し一貫して「自分勝手」という言葉を使ってかなり批判していた。そして、「私」の変容に対して「自分もその避難所にいたら絶対にボランティアとして塩むすびを握っていたと思う」と発表していた。

[変容した姿]

人のために働くことが価値あることだと知っていたが、授業から「相手の喜びは、自分の喜びになる」ということに強く感動していた。

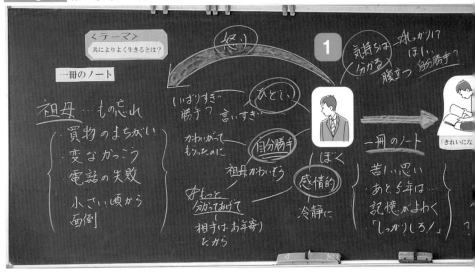

## 第1時 家族と共に生きるってどういう

**1** 　導入で、教材提示の後、自分中心の考え方をする「ぼく」の言動を批判的に捉えさせることにより、価値理解を促す。

T　祖母に対する「僕」の言動をどう思いますか？

C　自分勝手でおばあさんがかわいそうと感じる。ひどい孫。

C　おばあさんの立場や気持ちをもう少し分かってあげてほしい。

C　でも、おばあさんの行動もひどいので、怒る気持ちも分かる。

C　感情的になり過ぎ。怒るなら頼らなくてもいいのに。

**2** 　自分勝手な考えが、大きく変化した場面を捉えて、道徳的な価値について多面的・多角的に考えるようにする。

T　「きれいなったね」と言う「僕」は何を考えているだろう？

C　おばあちゃんのことを考えず、傷つけてしまったことを謝りたい。

C　もっと、おばあちゃんのことを考えて生活していくこと。

C　「おばあちゃん、これまで本当にありがとう」という感謝の気持ちと「これからは僕たちが守っていくよ」という強い決意。

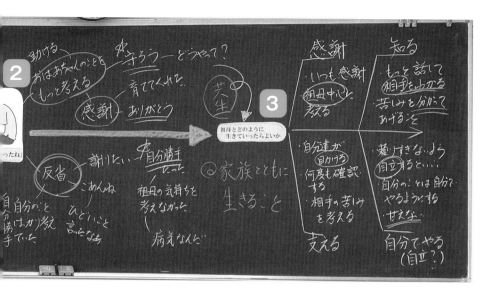

# ことだろう？

**3** **2**で拡散した考えを収束するために問題解決的な発問とゆさぶりの発問を設定して、家族と共に生きることについて深く考えさせていく。

T 「僕」は、どのように祖母と生きていくといいだろうか？

C 今度は自分がおばあちゃんを支えていくような生き方をする。

T 面倒だったり迷惑がかかったりしても嫌じゃないのかな？

C 今までの感謝の気持ちがあれば苦労ではなくなる。

C 祖母の喜ぶ顔が見られればそれで嫌な思いはしないと思う。

### 次時へつなげるポイント

本時の振り返りから、生徒の多くが家族を支えることの大切さに気がつくことができ、その土台となるのが感謝の気持ちや相手の喜びの共有であることを共通解としてもつことができた。しかし、そうした感謝の思いや喜びの共有がどこから生まれてくるのかまで追求することができなかった。次時には、この点を新しい課題として設定することがポイントとなる。

また、なぜ、自分よりも相手のことを優先して考えることが大切なのかという本質的な議論を深めるまでには至っていない。

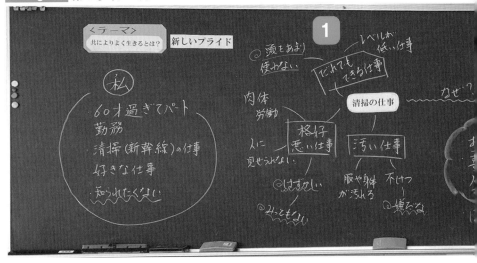

**1** 　教材提示の後、清掃という仕事に誇りをもてない「私」の心情から、職業に対する誇りとは何かという問題意識をもつようにする。

**2** 　「古いプライド」と「新しいプライド」の違いを小集団や学級全体で議論することにより、「働く誇り」とは何かを考える手がかりとする。

T　なぜ、「私」は清掃の仕事のことを誰にも知られたくなかったのだろう？

C　清掃の仕事は、なんとなく汚い仕事に感じるから恥ずかしい。

C　汚いものを触るのは、誰でも嫌だから、それを仕事にしているなんて、カッコ悪いから。

C　見た目もよくないし、人に言ったら馬鹿にされるし、そんな仕事しかできないのかと思われるから。

T　「新しいプライド」って何のことだろう？

C　見た目じゃなくて、自分ががんばれる仕事だと思うこと。

C　やりがいがあって、自分が楽しいと思えること。

C　人のために働いて喜んでもらえることがやりがいになること。

C　お客さんの喜びが、自分の喜びになり、それを自慢できること。

郵 便 は が き

1 1 3 8 7 9 0

料金受取人払郵便

本郷局
承認

3601

差出有効期間
2022年 2 月
28日まで

東京都文京区本駒込5丁目
　　　　　　　16番7号

# 東洋館出版社
営業部 読者カード係 行

lılı·lı·ıılı''lılı·ıllı···ı·ı·ı·ı·ı·ı·ı·ı·ı·ı·ı·ı·ı·ı·ı·ı·lı·lı·l

| ご芳名 | |
|---|---|
| メール<br>アドレス | @<br>※弊社よりお得な新刊情報をお送りします。案内不要、既にメールアドレス登録済の方は<br>　右記にチェックして下さい。□ |
| 年　齢 | ①10代　②20代　③30代　④40代　⑤50代　⑥60代　⑦70代〜 |
| 性　別 | 男　・　女 |
| 勤務先 | ①幼稚園・保育所　②小学校　③中学校　④高校<br>⑤大学　⑥教育委員会　⑦その他（　　　　　　　） |
| 役　職 | ①教諭　②主任・主幹教諭　③教頭・副校長　④校長<br>⑤指導主事　⑥学生　⑦大学職員　⑧その他（　　　　　　　） |
| お買い求め<br>書店 | |

■ご記入いただいた個人情報は、当社の出版・企画の参考及び新刊等のご案内
　のために活用させていただくものです。第三者には一切開示いたしません。

Q ご購入いただいた書名をご記入ください

（書名）

Q 本書をご購入いただいた決め手は何ですか（1つ選択）

①勉強になる　②仕事に使える　③気楽に読める　④新聞・雑誌等の紹介

⑤価格が安い　⑥知人からの薦め　⑦内容が面白そう　⑧その他（　　　　　　）

Q 本書へのご感想をお聞かせください（数字に○をつけてください）

4：たいへん良い　3：良い　2：あまり良くない　1：悪い

| 本書全体の印象 | 4—3—2—1 | 内容の程度/レベル | 4—3—2—1 |
|---|---|---|---|
| 本書の内容の質 | 4—3—2—1 | 仕事への実用度 | 4—3—2—1 |
| 内容のわかりやすさ | 4—3—2—1 | 本書の使い勝手 | 4—3—2—1 |
| 文章の読みやすさ | 4—3—2—1 | 本書の装丁 | 4—3—2—1 |

Q 本書へのご意見・ご感想を具体的にご記入ください。

Q 電子書籍の教育書を購入したことがありますか?

Q 業務でスマートフォンを使用しますか?

Q 弊社へのご意見ご要望をご記入ください。

ご協力ありがとうございました。頂きましたご意見・ご感想などを SNS、広告、
宣伝等に使用させて頂く事がありますが、その場合は必ず匿名とし、お名前等
個人情報を公開いたしません。ご了承下さい。

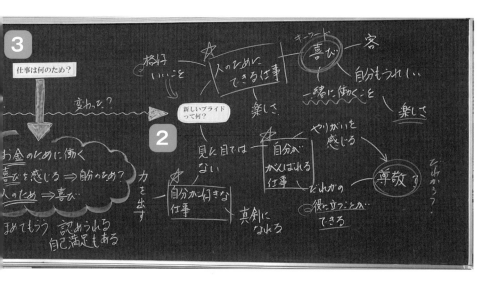

**3**

「人の喜びが自分の喜び」と感じるためにはどうすればよいかを、「私」の仕事に対する考え方の変化から考えるようにする。

T　仕事は自分のためにするのではないですか?

C　お金を儲けることもあるけれど、「私」のように人に喜んでもらうと自分がうれしくなるから、それがやりがいになるのだと思う。

T　どうしたら、そういう考え方に変われるのだろう?

C　「私」のように、誰かから認めてもらうことじゃないかな。

## 次時へつなげるポイント

本時の学習を通して、「働く」ということから他者のために働くことで喜びを共有するということについて考えを深めることができた。仕事を通して他者とともに生きることを学んできた。

しかしながら、そこには生活するためのお金を得るという営利活動が存在している。純粋に他者のために自分を生かしていくということを考えるためには、非日常の状況で、営利等の利害関係が仲介しない状況での共生について考えていく必要がある。

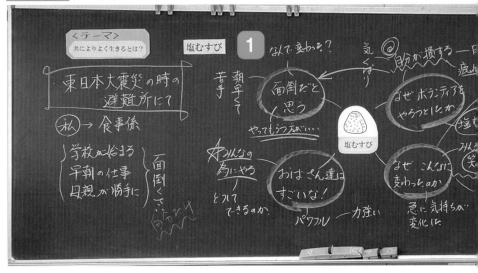

## 第3時　他者と共に生きるとはどういう

**1**　教材提示の後、初発の感想を共有し、それを手がかりとして学習問題を設定し、探究活動への意識を高めるようにする。

T　この教材から、どんなことを感じましたか？

C　学校のことが気になるのに、どうしてこんなに変わったのだろう。

C　どうしてボランティアをやろうと思えるようになったのかな。

C　避難所の人のことを優先して考えるおばさんたちはすごい。

C　面倒くさいのに、何でこんなにがんばれるのかな。

**2**　食事係のおばさんや塩むすびをもらった人の言動を手がかりに、「私」が知った新しい世界を学習課題として探究する。

T　「私」が知った「新しい世界」って何だろう？

C　人のために一生懸命に働くこと。

C　面倒なことなのに、面倒がらずにやれる人の世界。

C　自分の都合よりも、困っている人のことを先に考える人の世界。

C　文句や言い訳をしない人の世界。

C　みんなに喜んでもらえることを楽しみにすること。

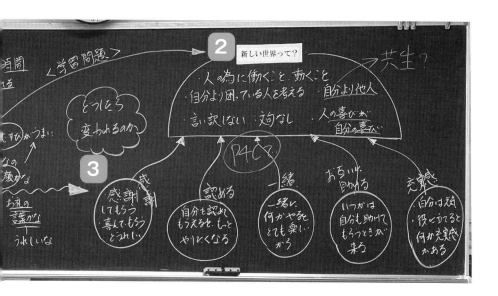

# ことだろう？

**3** 人のために働くことのすばらしさを共通理解できたところで、今度はどうしたら変われるのかを、P4C（子ども哲学）による自由な対話で考える。

T　他人のことより、自分のことの方が大切じゃないのかな？

C　感謝してもらうと自分の気持ちが満たされるのだと思う。

T　でも面倒で自分が損してるんじゃないかな？

C　自分が認められた感じがするので、面倒じゃなくなると思う。

C　でも、そこまで考え方が本当に変わるには時間がかかると思う。

[問い]

# 「働くこと」とはどういうことだろう

## ■ 実践のねらい

❶ 働くことには、収入を得て生活を維持する面（収入面）だけでなく、一定の役割を果たして社会を支える面（社会貢献面）や、自分の能力や個性を生かして自らの内面にある目的を実現する面（自己実現面）があることに気づき、職業についての正しい考え方を育てる。

❷ 働くことを通して、社会貢献に伴う喜びや自己実現に伴う充実感を得ることで心から満足し、生きがいのある人生を実現しようとする意欲を養う。

## ■「問い」と「構成」づくりのポイント

「平成28年度職場体験・インターンシップ実施状況等調査」によれば、中学2年生で職場体験を実施している学校は多い。2年生で「働くこと」というユニットテーマをもとにしたパッケージ型ユニットで学びのストーリーを紡ぐことは、本質的な道徳理解にまで生徒の学びを深めることだけでなく、職場体験において望ましい勤労観や職業観を育成する上で有効である。

本校では第2学年の9月末に職場体験を行い、キャリア教育を行っているため、職場体験直前の9月に本ユニットを設定した。

第1時の導入では、ユニットテーマを提示後、「働くこと」というテーマについての個々が抱く「問い」をモデレーションによって出し合わせる。第3時の終末に個々の「問い」に対する振り返りを実施することで、納得解を紡ぎ出させたい。

今回、「勤労」「自主、自律、自由と責任」「思いやり、感謝」の内容項目を扱い、「働くこと」について多面的・多角的な視点を与えて考えさせる。働くことの意義が、収入面だけでなく、社会貢献面や自己実現面にもあることに気づき、理解を深めさせる。夢や希望を実現しようとする意欲や態度など、望ましい勤労観や職業観をはぐくむ姿を期待する。

# ■［ユニット］授業ストーリー

**使用教材** 東京書籍「新しい道徳2」

## 第1時 「みんなのために働くこと」について考えよう

> **主 題** 「勤労による社会貢献に伴う喜び」　　　　　　　　　　C(13)
> **内容項目** 勤労　**提示教材** 「震災の中で」
>
> 第1時では、震災のボランティアをもとにした教材で「みんなのために働くこと」について考えていく。働くことの意義を「お金のため」「生活するため」など、収入を得ることだけだと考えている生徒は少なくない。働くことの意義が、収入面だけでなく、社会貢献面や自己実現面にもあることについて考えさせる。

## 第2時 「働くことの責任」について考えよう

> **主 題** 「勤労による自己実現」　　　　　　　　　　　　　　A(1)
> **内容項目** 自主、自律、自由と責任　**提示教材** 「金語楼さんのこと」
>
> 第2時では、落語家の老人ホームへの慰問をもとにした教材で、「働くことの責任」について考えていく。働くことには「責任」が伴う。中学生は「責任」という言葉に対して堅苦しく、重たいイメージをもちがちである。本時では、「責任」によって信頼関係を構築できることや、自分の役割を果たせることなど、自己実現面について深く考えさせる。

**課題探求のプロセス**

## 第3時 「思いやりの心をもって働くこと」について考えよう

> **主 題** 「勤労を通した思いやり」　　　　　　　　　　　　　B(6)
> **内容項目** 思いやり、感謝　**提示教材** 「心に寄りそう」
>
> 第3時では、看護師の職務に関わる教材で「思いやりの心」について考えていく。生徒は自分本位の考えで「思いやり」を捉えがちである。患者の立場に立った看護師の「私」の「思いやりの心」について考えることを通して、社会貢献面について深く考えさせる。終末では、個々のユニットテーマについて再度考えさせ、「働くこと」の納得解の紡ぎを促す。

## 自己の生き方についての考えの深まり

## ■ 授業を通じて子どもが考えを深めていくための工夫

子どもの考えを深める教師の技

### グループによる「話合い」

話合いは、生徒相互の考えを深める中心的な学習活動であり、道徳科においても重要な役割を果たす。話すことと聞くことが並行して行われ、友達の考え方についての理解を深めたり、自分の考え方を明確にしたりすることができる。

一人一人の発表時間を確保することで、全員の発表の機会を保障する。その際、耳だけでなく、目や心、体の向きなど、「聴く」ことの指導が肝要である。多様な感じ方や考え方を発表できる、受容的な学級の雰囲気をつくることも重要である。

### 意図的指名のための机間支援

学級全体での発表の場面で、積極的に挙手をして自分の考えを述べる中学生は多くはない。限られた時間の中で多様な考えを表出させるために、机間支援で生徒の考えを集約し、意図的指名の準備をすることが大切である。

そのために、生徒にどんなことを考えさせたいのか、あらかじめ授業者が構想をもっておく必要がある。さらに、全体に共有したい考えをもつ生徒を見つけたときに、「どうしてそう思ったのか」「詳しく言うとどういうことか」などと前もって問いかけ、生徒の考えを磨いておくことも大切である。

### ✒ 指導のポイント

　生徒たちの道徳性を養うための「考え、議論する道徳」を実現するために、協同思考するための共通学習課題を設定し、生徒一人一人がじっくりと考える時間を十分確保し、全員が語り合う場面を設定することが大事である。

　3、4人の小グループで話し合う場面では、価値観を語り合う機会を全員に保証する。学級全体で語り合う場面では、多面的な視点から吟味・検討できるように、机間支援による丁寧な見取りと意図的指名によって語らせる。

　その際、問い返しやつなぎの発問によって、生徒たちの道徳的思考を交わらせ、考えをさらに深めていく姿を期待したい。

|  | Aさん | 課題探求のプロセス | Bさん |
|---|---|---|---|

<table>
<tr><td colspan="3" align="center">

**Aさん**

[導入時の姿]
</td></tr>
</table>

## Aさん

[導入時の姿]

ユニットの個の問いを「人は何のために働くのか」とし、その答えを「お金のためや好きなことのために働く」と予想した。

## 課題探求のプロセス

## Bさん

[導入時の姿]

ユニットの個の問いを「仕事のやりがいは何か」とし、その答えを「仕事が楽しくて達成感があること」と予想した。

---

**第1時**

「みんなのために働くことのすばらしさ」については、「感謝の言葉をもらい、誰かの支えになること」と発表した。振り返りでは、「もし自分が被災したら立ちすくんでしまうと思うので、『私』はすごいと思った」と記述した。

「みんなのために働くことのすばらしさ」について、「温かい言葉をもらえることと、生き方を学べること」と発表し、クラスメイトの共感を得ていた。振り返りでは、クラスメイトの「人の絆」という意見に共感し、「自分も人のためになることをしたい」と記述した。

---

**第2時**

金語楼さんの言葉が心の支えになった理由を、「いくら辛くても諦めないようになったから」と考えた。
振り返りには、クラスメイトの「一度決めたことを成し遂げようとすること」という意見に共感し、仕事に対する責任について考えを深めていた。

金語楼さんの言葉が支えになった理由を、「お金だけでなく、楽しみにしている人のために働いているという言葉が支えになった」と考えた。
振り返りでは、「自分自身でも何を大切にして生きていけばいいか考えていきたい」と記述していた。

---

**第3時**

心に寄り添うことを「相手のことを肯定すること」と発表し、他のクラスメイトの大きな学びとなった。
振り返りでは、心に寄り添うことは誰にでもできる反面、簡単にできることではないと考え、その大切さと難しさの両方を感じていた。

心に寄り添うことは、「相手の気持ちを理解し、同じ立場に立って考えてみること」と発表した。
振り返りでは、心に寄り添うことの難しさを感じつつも、自分に合った方法を見つけて、誰かの心に寄り添っていきたいと記述していた。

[変容した姿]

笑顔や感謝の言葉、責任などを原動力に働く人たちがいることを知り、人はお金のためという目的だけで働いていないという納得解を紡いだ。

[変容した姿]

「みんなのため」や「信頼のため」、「家族のため」など、いくつもの「仕事のやりがい」があることに気づいたという納得解を紡いだ。

**1**

ユニットテーマ
「働くこと」について考える

Q. 人は何のために働くのだろうか？
・生活するためのお金を得るため
・好きなことをするため

Q. 働いて困難にぶっかったら、
どうやって乗り越えたらいいんだろうか？
・上司に相談する

Q. 働くことのやりがいは何だろうか？
・感謝されること
・給料

第11回
教材名：震災の中で
主題名：「みんなのために働くこと」
について考える

・悪質な商売をする人や、ク
みんなのために働く「私」は
・「私」は自分も不安定なの
・ボランティアの人たちのおか

---

**第1時** 「みんなのために働くこと」に

**1** ユニットテーマ「働くこと」について、考えたいことを明確にさせ、今の考えを語り合う（グループ・モデレーション）。

T 「働くこと」について考えたいことと、今の考えを聞き合いましょう。

C 人は何のために働くのだろうか。お金を得るためだけだろうか。

C 働いて困難にぶつかったとき、どうしたらいいのだろうか。上司に相談すればいいのだろうか。

C 働くことのやりがいは何だろうか。感謝されることだけだろうか。

**2** 教材「震災の中で」を提示した後、本時の問いについて語り合い、「みんなのために働くこと」について共通解を導く。

T 「『私』が感じたみんなのために働くことのやりがいとはどんなものだろうか」について考え、語り合いましょう。

C 困っている人を助けたときに、感謝されること。

C 誰かを助けることは自分を成長させることにつながるし、誇らしいこと。

C 人との絆が深まること。

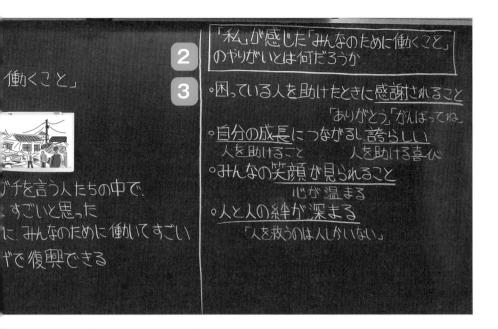

# ついて考えよう

**3** クラスメイトの考えを聞いてどう感じたか語り合い、本時の学びを道徳ノートに書く。

T　みんなの考えを聞いてどんなことを感じたかな。

C　「自分が成長できる」という考えがいいと思った。自分もみんなのために何かできるようにがんばりたい。

C　一人で「みんなのために働く」のではなく、みんなが「みんなのために働いている」のだと思った。

C　「みんなのために働くこと」とは人の心を温め、自分の成長を感じられることだと思った。

### 次時へつなげるポイント

　働くことの意義が収入面だけだと考えている生徒は少なくない。収入面だけでなく、社会貢献面や自己実現面など、働くことの意義の別の視点を本時で増やしたい。そして、増やした視点の理解を第2、3時で深めさせ、働くことの納得解の紡ぎを促す。

　第2時では「責任」によって自分の仕事を楽しみにしてくれている人を笑顔にすることの喜びや、人との信頼関係を守ろうとする誠実な生き方の実現など、自己実現面の理解を深めさせたい。

第12回
教材名：金語楼さんのこと
主題名：「働くことの責任」
　　　　について考える

**2**

**1**
○熱があっても
　無料であっても
　休まないところがすごい
○楽しみにしている人のため
　に行くところがすごい
○無料だからこそ
　行かなければいけない？

「無料出演だから取りや
という言葉が「私」の人生の
になったのはどうしてだろうか

○自分の身を削っても みん
　が「私」へのメッセージ…
○一度 決めたことは、最後
　楽しみにしている人たちを
○見に来ている人を楽しませ
○相手を思う気持ち が「私」
　　信頼関係や誠

## 第2時 「働くことの責任」について考

**1** 　前時の学びを交流した後に、本時教材「金語楼さんのこと」を読む。そして感じたことを語り合い、本時の学習課題を設定する。

T　前時の学びを交流しましょう。
C　感謝や励ましが人の原動力になる。
C　「人を救うのは人しかいない」という言葉が心に残った。
T　（教材一読後）感想を教えて。
C　熱があっても、無料であっても、休まないところがすごいと思った。
C　今は熱があったら行ってはだめだけれどね。
C　無料出演だからこそ、行かなければいけないと思えるのかもしれない。

**2** 　本時の問いについて語り合い、「働くことの責任」について共通解を導く。

T　「無料出演だから取りやめない」という言葉が「私」の人生の心の支えになったのはどうしてだろうか。
C　一度決めたことは最後まで成し遂げようすることが、「私」へのメッセージに思えたから。
C　ギャラがもらえる・もらえないではなく、人を楽しませようとすることが心の支えになったから。
C　金語楼さんの、相手を大切にする気持ちが「私」を成長させたから。

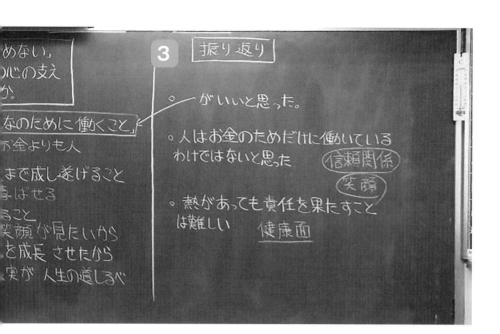

# えよう

**3** クラスメイトの考えを聞いてどう感じたかを語り合い、本時の学びを道徳ノートに書く。

T みんなの考えを聞いてどんなことを感じたかな。

C 「みんなのために働くこと」という意見が、前の時間の内容と関連していていいと思った。

C 人は必ずしもお金のためだけに働いているのではないと思った。

C 「困難な状況にあっても、責任を果たす」と口にすることは簡単だけれど、実際に行うことは難しいと思った。

次時へつなげるポイント

生徒は前時で、働くことの意義の視点を増やしている。本時は「働くことの責任」について考えることを通して、自分の仕事を果たすことや、仕事をやり遂げて満足することなど、自己実現面の理解を深めさせたい。

第3時は相手の立場に立った思いやりの心をもって働くことについて考えさせる。これにより、自分の役割を果たすことで他者の支えになれるという、社会貢献面の理解を深めさせたい。

終末には「働くこと」の個の問いに対する納得解の紡ぎを促す。

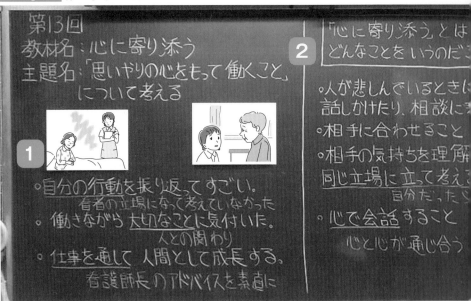

### 第3時 「思いやりの心をもって働くこ

**1** 　　　　前時の学びを交流した後、本時教材「心に寄りそう」を読む。そして、感じたことを語り合い、本時の学習課題を設定する。

**2** 　　　　本時の問いについて語り合い、「思いやりの心」について共通解を導く。

T　前時の学びを交流しましょう。

C　人を思う気持ちが人の支えになると思った。

C　信頼を裏切らない金語楼さんがすごいと思った。

T　（教材一読後）感想を教えて。

C　山田さんは自分の行動を振り返ることができて、すごいと思った。

C　仕事をしていく中で、人間性が成長する機会があると思った。

T　「心に寄りそう」とは、どんなことだろうか。

C　人が悲しんでいるときに、話しかけたり、相談に乗ったりすること。

C　相手に共感したり、相手を共感したりすること。相手の目線で考えると、心に寄り添えると思う。

C　相手の気持ちを理解し、同じ立場に立って考えようとすること。

C　口だけで会話するのではなく、心でも会話すること。

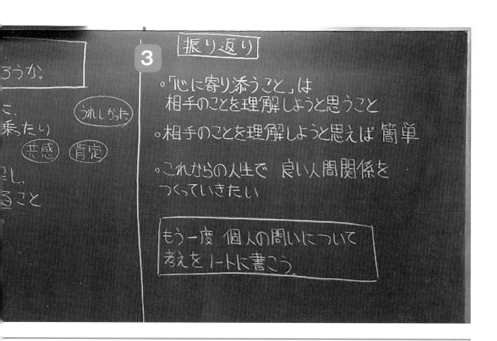

# と」について考えよう

**3** クラスメイトの考えを聞いて、どう感じたかを語り合い、本時の学びとユニットの学びを道徳ノートに書く。

**T** みんなの考えを聞いてどんなことを感じたかな。

**C** 心に寄り添うことは相手のことを考えることが大切だと思った。

**C** 相手の心に寄り添うことは難しそうだけど、相手のことを理解しようとすれば簡単なことだと思った。

**C** この先の人生でいろんな人と関わると思うので、よい人間関係をつくっていきたいと思った。

### 授業を終えて

第1時の導入での個の問いに対する予想と、第3時の終末での納得解を比べると、働くことの意義に関する視点が増えた。特に、第1時は収入面しか考えていない生徒が多かったが、第3時の後は社会貢献面や自己実現面などに言及する生徒が増え、それぞれが「働くこと」の納得解を紡ぎ出していた。

9月末の職場体験では、生徒は積極的な態度で臨み、どの事業所からも高評価を得た。職場体験の前に「働くこと」をテーマにしたパッケージ型ユニットを組むことは、非常に教育的効果が高いと感じた。

097

[問い]
# その人にとっての本当の「幸せ」とは？

## ■ 実践のねらい

❶世界の中の日本人として、相手にとっての「幸せ」という視点から世界を見つめ、真の「国際理解・国際貢献」の根底にある、多様性を越えた人間愛について考えを深める。

❷支援やボランティアとはどうあるべきかについて考え、これまでの自分たちの姿勢を振り返りながら、相手の「生きる喜び」を後押しするような活動をしていきたいという意欲をはぐくむ。

## ■「問い」と「構成」づくりのポイント

グローバル化が進む今日、我々が国際社会で果たしていくべき役割は何か。未来を担う中学生としても議論する意義のあるテーマである。

しかし、異文化理解から一歩踏み込んだ、相手のアイデンティティを支える歴史・文化理解としての「国際理解」や、その発展に寄与しようとする「国際貢献」となると、考え議論する機会は必要とされているにもかかわらず、十分に時間が割かれているとは言えない。

そこで「その人にとっての本当の『幸せ』とは？」をテーマとし、世界の中の日本人として「国際理解・国際貢献」を考えるユニットを３時間で設定した。

第１時〜第２時は、「国際貢献」について考えを深める。①その根底にあるのは、目の前の人の幸せを願う、国を越えた温かな人類愛に他ならないことを捉えさせ、②支援とは、物品や金銭を与えることだけではなく、経済的自立によって将来を切り拓くことも含まれると気づかせていく。

第３時では、第１・２時で考えたことをより自分ごととして引き寄せて考えさせるために「真のボランティアの在り方」という視点から支援を見つめ直していく構成とした。

## ■[ユニット] 授業ストーリー

**使用教材** ①東京書籍「新しい道徳2」 ②、③自作教材（JICA 海外協力隊「知られざるストーリー11」、河出書房新社「特別授業 3.11 君たちはどう生きるか」）

**第1時** 杉原さんに「ビザを書く」と決断させたものは何だろう

**主 題**「国際貢献を考える〜国を越えて」　　　　　　　　　C(18)
**内容項目** 国際理解、国際貢献　**提示教材**「六千人の命のビザ」(教材①)

第1時では、戦時下の外交官という難しい立場で、国の命令に背いてビザを発行した杉原さんの決断から、「国際理解・国際貢献」の根底にあるものとは何かを考えていく。国際平和を願うと同時に、杉原さんの命をかけた行為の原動力となったのは、「目の前の人々の命を守りたい」「そこに生きる人々の幸せを願う」という国を越えた人類愛であったことを捉えさせていく。

**第2時** なぜ武辺さんは人々からこんなにも信頼されたのだろう

**主 題**「国際協力を考える〜自立を目指して」　　　　　　　C(18)
**内容項目** 国際理解、国際貢献　**提示教材**「意志ある所、道は通じる」(教材②)

第2時では、青年海外協力隊員の武辺さんがガーナの人々から信頼された理由を追求するなかで、「人々に幸せをもたらす国際協力」とはどうあるべきかを考える。武辺さんが目指していたのは、物やお金を与える援助ではなく村の自立であったことに気づかせ、相手の立場に立った真の幸せをもたらす国際貢献の在り方について考えを深めさせる。

**第3時** 人々を「幸せ」にするボランティアとは何だろう

**主 題**「ボランティアを考える〜相手を思って」　　　　　　C(12)
**内容項目** 社会参画　**提示教材**「課外授業・ボランティア 「祈り」の先にあるもの」(教材③)

第3時では、東日本大震災の被災地でのボランティアの実例から、ボランティアの望ましい在り方について考える。支援を受ける側にとっての真の幸せを追求するとき、ボランティアをする側が注意すべきこと、目指すべきことについて、自分ごとに引き寄せて考え議論を深めさせる。国際貢献を考える土台としての「支援」の在り方を、自分の足元から見つめ直させていく。

**課題探求のプロセス**

### 自己の生き方についての考えの深まり

## ■ 授業を通じて子どもが考えを深めていくための工夫

子どもの考えを深める教師の技

### テーマを「見える化」し、「意識」させるツール

数時間を貫く「問い」が毎時間意識できるように、図形などを用い、工夫してテーマを提示している。今回は、「ハート」と「四つ葉」で、その人にとっての「幸せ」を考えてきた経過を可視化できるようにした。

### 付箋を使ったグループトーク

付箋の活用は議論の活性化に効果的である。今回は議論を深めるグループトークなので、意見を多めに記入できる「75cm角」を使用した。サイズや色は使用場面やカラーユニバーサルデザインの観点から選択する。

## ✐ 指導のポイント

　ユニット学習では、「問い」が全時間継続して意識されることが重要なので、板書に学びの積み上げを意識させる仕掛けがあると効果的だ。今回は「幸せ」というテーマを生かし、ハート型の色紙を用いた。毎時の学びのキーワードを授業の終末で記入し、黒板に貼った。最終時、ハートが四つ葉のクローバーになったとき、子どもたちから歓声があがった。

　自分の意見をまとめる際、付箋に書かせるとそのままワークショップ型で議論に持ち込める。ホワイトボードを使用してグループで、黒板を使用して全体でと臨機応変な活用が可能である。終了後にはノートに貼り戻しもでき、記録としても残すことができるよさがある。

## Aさん

[導入時の姿]

優しく、他に共感しやすいが、幼さがあり、善悪や必然性ではなく直感で物事を判断したり考えたりしがちである。

第1時

杉原さんの行動を、「命をかけてやるのは怖すぎる。英雄だけど自分には無理」としながらも、「とにかくすごい。たくさんの人が助かって本当によかった」と思いを綴っていた。考える視野は広くないが、人々に貢献することへの価値を感じていた。

第2時

グループトークで「がんばったのに事故で死ぬなんてあんまりだ」と何度も口にしていたが、振り返りでは「村の人たちが幸せになったのはやっぱり武辺さんが自立を考えたおかげだと思う」と、武辺さんの支援の意義を捉えて真剣に記述をしていた。

第3時

「困っている人を助けるとき、自分より相手が嬉しいのが大事だってわかった。武辺さんも村の人の将来を考えてたけど、おんなじだ」と、前時での学びとつなげて考え、支援の姿勢として大切だと気づいたことを記述していた。

[変容した姿]

人の幸せを考えることを「難しいけど、すごいことだ」と振り返っていた。特に、武辺さんの人生に強く心を動かされたことが真剣に考えるきっかけとなっていた。

---

課題探求のプロセス

---

## Bさん

[導入時の姿]

正しいと思うことをはっきり述べることができる反面、相手の立場に立って考えずに自分の視点からの意見を強く主張してしまう面がある。

第1時

「大変な状況で、正しいと信じることを貫いた杉原さんの行動が衝撃的だった。自分のことより人のこと。誰かのために行動できる人ってすごい、自分もそうなりたい」と相手の立場を強く意識した振り返りをまとめていた。

第2時

武辺さんの村の人々との関係と支援の信念に強く感じるものがあったようで、「道半ばで亡くなったことは悔しいけど、村の発展を見て、武辺さんは天国で喜んでるはずだ」と、終末の振り返りで真剣な表情で自分の意見を発表した。

第3時

全く意見を述べず、終始無表情。振り返りには、「自己満足、自立の邪魔とか。支配ってゆがんでる?」と殴り書き。授業後に声をかけると、「いやー、なんかオレ自己満っぽいじゃんって。そしたら、何も言えなくなっちゃって」との答えだった。

[変容した姿]

いつもは雄弁なBが、第3時では深く考え込んだ。筆者の指摘を自分ごととして深く受け止め、自分を見つめ直す時間となったようだ。

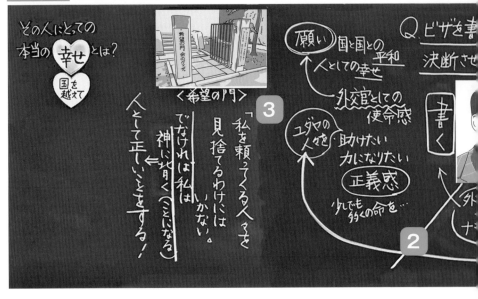

その人にとっての
本当の **幸せ** とは？

国を
越えて

＜希望の門＞

**3**

「私を頼ってくる人々を見捨てるわけにはいかない。でなければ私は神に背く（ことになる）人として正しいことをする！」

Q.ビザを書〜
決断させ〜

**2**

願い ── 国と国との平和
人としての幸せ
外交官としての使命感

ユダヤの人々を 助けたい 力になりたい
正義感
一人でも多くの命を…

書く

外交〜
ナ〜

---

**第1時** 杉原さんに「ビザを書く」と決

**1** 歴史的背景や、当時の日本と他国との関係や状況を確認し、ビザ発行という決断がいかに難しいことだったかを押さえさせる。

T　杉原さんはどんな気持ちの間でゆれ動いていたの？
C　ビザを書くか、書かないか。
T　**書かないとしたら、理由は？**
C　国に逆らえない。身の危険も。
C　外交官として勝手はできない。
T　**命令に背いて決断させたものは何？**
C　命を救いたい気持ち。
C　正しいことをしようとする正義感。
C　外交官としての使命感。

**2** 杉原さんに「ビザを書く」という行動を決断させたものは何かを考える。心にある相反する心情を比較させ、考えを交流させる。

T　外交官だから「書けない」反面、「使命感から書く」という意見もあるけれど、もう少し説明してほしい。
C　国の仕事だから命令は絶対、でも、人としては助けてあげたい。
C　外交官だから、本当は国を越えて世界とか平和のために働きたいわけで、人として正しい道を選んだと思う。
C　目の前に困っている人がいて、シンプルにやるしかないって思ったのでは。

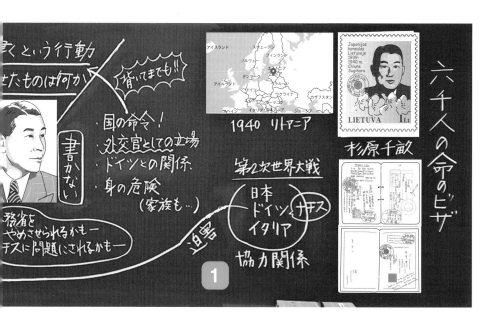

# 断させたものは何だろう

**3** 杉原さんの「私を頼ってくる人々を見捨てるわけにはいかない。でなければ私は神に背く。」という言葉を紹介し、その意味を考える。

**T** 「神に背く」わけにはいかないという言葉には、どんな気持ちが込められているのだろう。

**C** 目の前の困っている人たちを救いなさいと神様が言っているように感じるってことじゃないかな。

**C** 人として正しいことをするのが大切だ、という思い。

**C** 自分の信念に正直に生きたいってことだと思う。

**T** 杉原さんの覚悟が見えますね。

## 次時へつなげるポイント

まとめとして、杉原さんのビザ発行を受け日本から安全な第三国へとユダヤ人を送り出すなど、命のリレーをつないだ人々がいたことを紹介し、最後に短い映像を流した。ビザで救われた一人、ニシュリ氏との20年を経ての再会の様子である。国を越えた国際貢献の根っこにあるのは、人と人との関わりであることを実感させ、次時への橋渡しとした。

板書のテーマの部分（板書左上）に、本時のキーワード「国を越えて」の言葉を加えた。これは、3時間目まで継続して掲示していく。

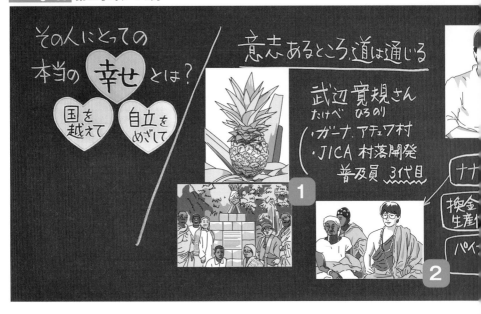

## 第2時 なぜ武辺さんは人々からこんな

**1** 「青年海外協力隊員」とはどんな仕事かを考える。「支援」のイメージに対する視野を広げさせるための伏線とする。

T 青年海外協力隊員として武辺さんはどんな仕事をしたと思いますか。

C 募金を集めて貧しい人に資金を援助したんじゃないかな。

C 学校をつくって先生をやった。3代目だから前の人とバトンタッチ。

T 困っている人々を助ける感じ？

C そう、助けに行くのがJICAでしょ！

C パイナップルの銅像ってことは現地に合う品種を開発したのかも？

**2** 人々の武辺さんへの信頼の要因を付箋とホワイトボードを使ったグループトークで探り、全体で意見交流を行う。

T なぜ武辺さんは、人々からこんなにも信頼されたのでしょう。

C 協会を立ち上げて、連帯感や責任感をもたせようとしたから。

C アイデアがすごいと思う。説得も根気強く諦めなかったし。

T 任期を延長したのはどうして？

C 事業を定着させたかったから。

C 村の発展を第一に考えた。だからナナ・シピにもなった。

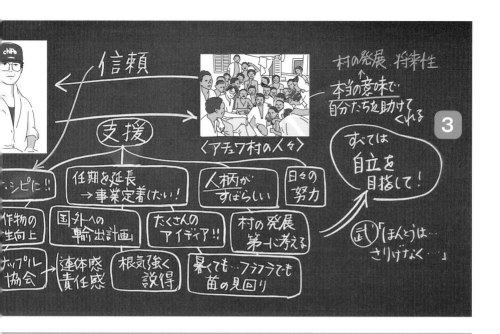

# にも信頼されたのだろう

**3**  武辺さんが亡くなった後でも、着実に発展していった村の様子から、武辺さんの支援が最終的に目指していたものを考える。

T　武辺さんは村がどうなることを目指していたんだろう。

C　村が発展すること。将来性が見えるようにすること。

C　お金がちゃんと入ってくるようになること。食べていけるようになる。

T　「村人とともに企画・実行する」とはそういうことなんだね。

C　武辺さんがいなくなっても、自立できる…実現したけど切ないよね。

## 次時へつなげるポイント

武辺さんの活動の目的が「自立」であったことを確認したところで、ハート型の画用紙に「自立をめざして」と記入し、板書に加えた。その後、振り返りをノートにまとめさせたが、前時の杉原さんを想起してつなげて書いた子どもも数名いた。

最後に、武辺さんの「ほんとうは、協力隊員っていうのはね、話題性をもたないで、さりげなく現れ、さりげなく消えてったっていうのがいいんだよ。」注という言葉を紹介し、次時の「ボランティアの本質」について考える伏線とした。

注　女子パウロ会「ガーナに賭けた青春　意志あるところ、道は通じる」

105

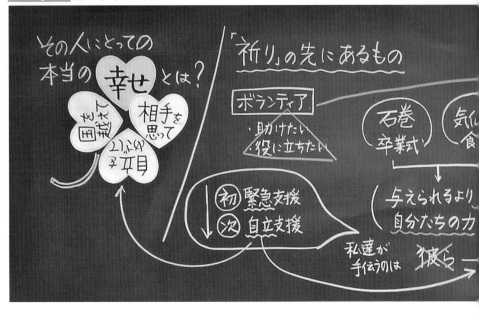

## 第3時 人々を「幸せ」にするボランティ

> **1** 石巻と気仙沼の話を聞き、緊急支援の時期を過ぎた後の被災地で、ボランティアに必要とされるのはどんなことかを考える。

> **2** 「ボランティアをする側が注意すべきこと」を読み、ボランティアの心構えとして必要なことは何かを考える。

T　2つのボランティアの話に共通していることは何だろう。

C　被災者もやってもらうだけじゃなくて、できることはやりたいって思っているということだと思う。

C　なんか、この前のガーナの話と似てるかも？

T　どんなところが？

C　えっと（ノートをめくって）、自立を目指して手伝うところ？

T　（導入で出された意見を想起させ）改めて、ボランティアで大事なことって何だろう。

C　相手の幸せを一番に考えること。

T　相手の幸せって？

C　どうしたいか、どうしてほしいかをちゃんと判断する。

C　役に立ちたい気持ちが強すぎると、やってあげる感が出過ぎる。

C　自己満足はバツってことで…。

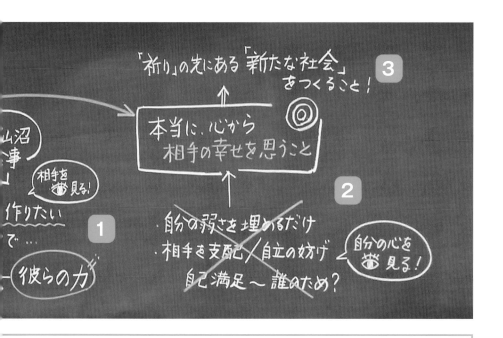

# ア とは何だろう

**3** タイトルの「祈りの先にあるもの」とは何かを考える。「祈り」「その先」と順を追って丁寧に考えさせる。

T まず、「祈り」とは何だろう。

C がんばってほしい、幸せになってほしいという願い。

T その先にあるものとは？

C 生きる、生きようって気持ち？

C 復興した町の姿。幸せな生活。

T もう少し具体的に話して。

C 元通り…にはならないけど、いろいろ新しくなってもちゃんとやっていけるような…新しい幸せ、社会。

### 授業を終えて

3時間の中で、特に第2時のグループトークでの議論が活発だった。「支援は『してあげること』ではなく自立への道をつくることだと知った」「武辺さんが生きていたらさらにさまざまな挑戦をしたのかも」と、その生き様から学ぼうとする姿勢が目立った。

第3時では、ボランティアの在り方についての筆者の言葉に強く価値観がゆさぶられた子どもも多く、考え込んでしまう姿も見られた。

第3時の終末、第1・2時の「国際貢献」ともう少し強く関連づけてまとめられればよかった。

107

[問い]

# 広い心で相手をゆるし受け入れることは、どうして大切なのだろう

## ■ 実践のねらい

❶違いを尊重し合うために、まず互いがもっている「自分にはないよさ」に気づくとともに、物事にはいろいろなものの見方や考え方があることを理解しようとする意欲をはぐくむ。

❷考えや立場が違うことを前提とした相互理解に努めるとともに、他者に対して寛容な気持ちで接し、謙虚に他者に学ぼうとする判断力と自らを高めていこうとする実践意欲を育てる。

## ■「問い」と「構成」づくりのポイント

広い心で相手をゆるすためには、まず相手の置かれている立場について知ろうとしたり、相手の行為の意味を推測したりすることが必要になる。そこで、第1時は個性や立場の違いを尊重することを取り上げ、実際の学校生活でも起こりうる内容を扱うこととした。「寛容」が内包しているさまざまな価値の中でも、相手のことを理解することが第一にすべきことと考えるからである。

第2時では、毎朝一番早く登校してくる友達の事情を知った筆者が、自分にはないすばらしさをその友達がもっていることに気づくという資料を扱う。我が道を行くという

生き方の筆者が、一人の友達に敬意を抱き、そしてそこに学ぶものを見いだす。他者に学ぶことのすばらしさを感じることができるこの資料を通して、「謙虚に他者に学ぶ」という価値に触れることができる。

第3時では、「さまざまな考え方や立場の人どうしが理解し合うには、どんなことが必要か？」という問いについて、昔話の定番である「桃太郎」を通して考える。第2時までを踏まえ、物事には別の視点から考えることが必要であり、「退治された鬼」の立場から考えたらどうなのかを多面的・多角的に考えられると仮定し、本時を第3時に設定した。

## ■[ユニット] 授業ストーリー

**使用教材** ①光村図書「中学道徳2　きみがいちばんひかるとき」
②廣済堂あかつき「中学生の道徳　自分を考える2」(2018年副読本)

**課題探求のプロセス**

### 第1時 あなたは、考えや立場の違いを尊重し合うためには、どんなことが大切だと思いますか

**主　題**「それぞれの個性や立場を尊重する」　B(9)

**内容項目** 相互理解、寛容　**提示教材**「ジコチュウ」(教材①)

第1時では、クラスメイトの言動を自己中心的だと誤解した生徒について考える場面で、考えや立場の違いを尊重し合うためにどんなことが大切なのかについて自分ごととして考えたり、友達の考えと比較したりすることを通して、相互理解に努め、他者に対して寛容な気持ちで接しようとする実践意欲と態度を育てる。

### 第2時 あなたは、他者から学ぶためには、どんなことが必要だと思いますか

**主　題**「謙虚に他者に学ぶ」　B(9)

**内容項目** 相互理解、寛容　**提示教材**「『一番乗り』たけいち」(教材②)

第2時では、いつも一番登校が早いクラスメイトの事情を知った筆者について考える場面で、他者から学ぶためにはどんなことが必要なのかについて自分ごととして考えたり、友達の考えと比較したりすることを通して、他の人がもつ自分にないよさを認め、広い心で謙虚に学ぼうとする心情を育てる。

### 第3時 あなたは、他者のものの見方や考え方を学ぶためには、どんなことが必要だと思いますか

**主　題**「寛容な気持ちで他者に接する」　B(9)

**内容項目** 相互理解、寛容　**提示教材**「『桃太郎』の鬼退治」(教材①)

第3時では、「『桃太郎』の鬼退治」の話を読んだ後、「鬼の子」の広告について考える場面で、さまざまな考え方や立場の人同士が理解し合うためにはどんなことが必要なのかについて自分ごととして考えたり、友達の考えと比較したりすることを通して、相互理解に努め、他者に対して寛容な気持ちで接しようとする判断力と心情を育てる。

**自己の生き方についての考えの深まり**

## ■ 授業を通じて子どもが考えを深めていくための工夫

### 子どもの考えを深める教師の技

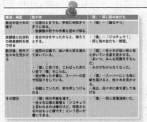

## パワーポイントの活用

パワーポイントを使って、事前に授業の流れに沿ってスライドを作成しておくことで、テーマや発問をワンクリックで提示でき、生徒たちはすぐに写し始めることができる。簡易スクリーンを黒板に貼っておけば、板書よりも背景が明るく文字のフォントも大きいため、生徒たちが見やすいというメリットもある。また、教師が資料を朗読した後、横軸に登場人物別、縦軸に場面別・時系列にした表のスライドを作成することで、一見して資料のポイントをおさらいすることができる。やや読み取りに不安がある生徒にとって有益であり、全員が同じスタートラインで考えを深めるのに有効であると考えた。

### テーマに寄せた一貫した発問

その時間に考えさせたい道徳的価値に関わるテーマについての発問を、授業の最初と最後に問うことにした。そうすることで、その時間に扱う資料を通して道徳的価値に向き合い、より深く考えることができると考えた。

> あなたは、考えや立場の違いを尊重し合うためには、どんなことが大切だと思いますか。

> もう一度聞きます。あなたは、考えや立場の違いを尊重し合うためには、どんなことが大切だと思いますか。理由も書きなさい。

## ✒ 指導のポイント

　50分という限られた時間の中で、その時間に考えてほしい道徳的価値について、「資料との対話」「友達との対話」、そして「自分との対話」の3つの対話をいかに深められるかが、道徳の授業ではポイントである。

　そうした時間を確保するために、「生徒が板書を写す時間」や「資料を理解する時間」を短縮する必要がある。そこで活用したのがパワーポイントである。

　こうして生み出された時間を厳選した発問で深めることに費やしていく。特に、テーマに寄せた一貫した発問を授業の初めと終わりに位置づけることで、その時間に扱う資料や友達との対話を通じて自分の考えが深まったり広がったりすることが期待できると考えた。

| Aさん | 課題探求のプロセス | Bさん |
|---|---|---|

**Aさん**

[導入時の姿]

「一人一人個性があって考えることは異なっているため、相手を認めることは大切だと思う」と書き、最初から相互理解の大切さを挙げていた。

**Bさん**

[導入時の姿]

「気を張っていても、いいことはない。受け止めることで、少し成長する」と書き、相手を受け止めることが自分の成長につながると考えていた。

**第1時**

「相手の行動の意味」や「意見を伝え合うこと」について思いを馳せていた。振り返りでは、「相手の立場や個性を知ることで、相手との関係が深まっていくと思いました」と書き、「相手との関係性」により目が向くように変容した。

「相手の事情を理解することで誤解なのかどうか判断できる」と相手について深く理解することの大切さまで考えていた。振り返りでは、「広い心で相手をゆるし受け入れるということは、まず互いを知り合うということが大切だと分かった」と書いた。

**第2時**

「他者がなんのために動いているのか理解することができないと、他者から学ぶことはできない」と信頼の前に他者への理解が必要であることに気づいた。振り返りでは、「相手の立場や個性を知ることで、相手との関係が深まっていくと思いました」と書いた。

「他者の姿をしっかり見ることから、何かを得る・学ぶことができる」と相手について深く理解することの大切さに触れていた。振り返りでは、「自分と関連づけて、私もたけいち君のように恥じらいなく堂々と言える人になりたい・近づきたいと感じた」と書いた。

**第3時**

「一方的に意見を伝えても、自分は理解できるかもしれないけど、もし、相手が違う立場だとしたら、相手は理解することができない」と相手の立場への理解という視点が加わった。振り返りでは、「自分と相手との立場の違い」によりいっそう目が向くように変容した。

「話し合えば、いろいろな人の意見が分かるし、理解もし合えるから」と理解するためには話合いが必要だと考えるようになった。振り返りでは、「『ボクのお父さんは桃太郎というやつに殺された』という一つの文から、いろいろなことを考えることができた」と書いた。

[変容した姿]

最初にもっていた「相手を認める」という概念から、「相手がもつ事情への理解」にまで具体的な深まりが見られた。

[変容した姿]

最初から挙げていた「自らの成長」に加えて、友達の意見を聞くことで見方・考え方の幅が広がることにも気づいた。

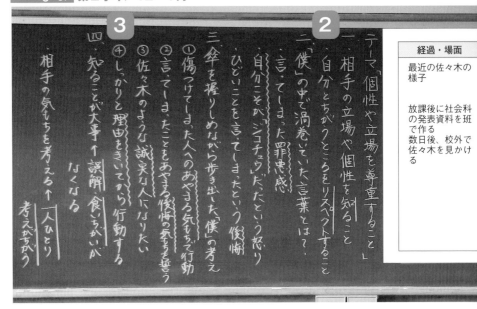

**経過・場面**

最近の佐々木の様子

放課後に社会科の発表資料を班で作る
数日後、校外で佐々木を見かける

| 第1時 | あなたは、考えや立場の違いを尊重し合 |

**1** まず普段の学校生活で「相手をゆるせない」と思ったことを想起した後、広い心で相手をゆるし、受け入れることの大切さについて考える（グループ・モデレーション）。

T　皆さんは、広い心で相手をゆるし受け入れることは、どうして大切だと思いますか。

C　いつか友達がいなくなり、後悔するから。

C　周りの人に迷惑がかかる。人との関係は一番重要。

C　自分も相手も過ごしにくい。

**2** 教材「ジコチュウ」を提示した後、クラスメイトへの「同情」ではなく、「僕」にできることを一緒に見つけるには、「僕」がどうすべきなのかについて、グループで意見交換する。

T　傘をしっかりと握り締めながら歩きだした「僕」は、どんなことを考えていたのでしょう。

C　傷つけてしまった人への謝る気持ちで行動しよう。

C　言ってしまったことを謝りたい。後悔の気持ちを誓う。

C　佐々木のような誠実な人になりたい。

C　しっかりと理由を聞いてから行動すべき。

| 佐々木 | 「僕」・同じ班の友だち |
|---|---|
| ・日直のときでも、学校にぎりぎりに来る。<br>・放課後の班での作業も途中で帰る。<br>・自分の分をやったからと、帰ろうとする。 | ・「僕」…「嫌なやつ」<br><br>・「僕」…「ジコチュウ！」<br>・同じ班の友だち…黙認。 |
| ・昼間の公園で、幼い妹と弟を連れて歩いている。<br>　　　↓<br>・「僕」に気づき、こわばった冷たい目で「僕」をにらむ。<br>・雨が降った夕暮れ、スーパーの前で雨宿りをしている。 | ・「僕」…佐々木が幼い妹と弟と歩いてる姿を見かける。「あいつ、あんな笑顔をするんだ」<br>・わけがわからなくなった。<br><br>・「僕」…スーパーにいる母に傘を届けると、佐々木を見かける。 |
| ・恐縮していたが、傘を押しつけられる。 | ・母は、佐々木に傘を貸してあげる。 |

1 広い心で相手をゆるし
受け入れることは、
どうして大切なのだろう。

いつか友だちがいなくなり後悔する
周りの人に迷惑がかかる人との関係は一番重要
自分も相手もすごくくい

実際に投影したスライド例

# うためには、どんなことが大切だと思いますか

**次時へつなげるポイント**

3　本時の問いを再度投げかけ、自分の考えが、最初の問いに対する答えから、教材に触れることでどのように変容したか、またはしなかったか確認する。その際、考えの根拠を必ず記入するように伝える。

T　もう一度聞きます。あなたは、考えや立場の違いを尊重し合うためには、どんなことが大切だと思いますか。理由も書いてください。

C　知ることが大事。理由は、誤解や食い違いがなくなるから。

C　相手の気持ちを考える。理由は、一人一人考えが違うから。

生徒たちの多くは、考えや立場の違いを尊重し合うためには、相手を知ったり理解したり、認め合ったりすることが大切であると考えていた。教材「ジコチュウ」を通して、ただ単に知るだけではなく、よく知ったり事情を知ったり、話し合ったりすることの大切さに気づく生徒が多かった。次の教材「『一番乗り』たけいち」では、「たけいち」のすごさに気づき、あこがれを抱く筆者の姿に触れるため、「立場の違いの理解」から「他者のよさに学ぶこと」へと他者理解が深まることが期待できる。

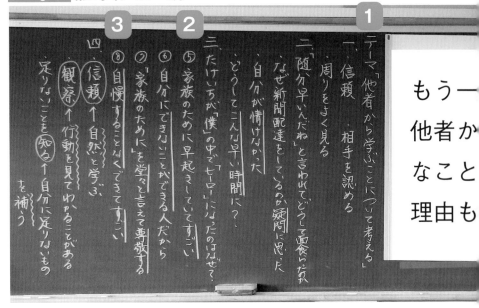

四、
・信頼 → 自然と学ぶ
・観察 → 行動を見てわかることがある
・足りないことを知る → 自分に足りないもの
を補う

三、たけいちが「僕」の中で「ヒーロー」になったのはなぜ？
⑧自慢することなくできてすごい
⑦家族のために「を堂々と言えて尊敬する
⑥自分にできないことができる人だから
⑤家族のために早起きしていてすごい

二、どうしてこんな早い時間に？
・自分が情けなかった
・なぜ新聞配達をしているのか疑問に思った
「随分早いんだね」と言われてどうして面食らったか

一、信頼・相手を認めろ
・周りをよく見る

テーマ「他者から学ぶことについて考える」

もう一
他者か
なこと
理由も

## 第2時 あなたは、他者から学ぶために

**1** まず、「他者から学ぶのに必要なこと」について問い、前時よりも一歩踏み込んで「相互理解」や「謙虚さ」について考えていく。

T　あなたは、他者から学ぶためには、どんなことが必要だと思いますか。
C　信頼し合うこと。
C　相手を認めること。
C　周りをよく見ること。
C　自分に対して素直になること。
C　謙虚な気持ちをもつこと。
C　お互いをよく知ること。
C　相手を尊重すること。

**2** 教材「『一番乗り』たけいち」を提示した後、幼い頃から「ヒーロー」というものを持ったことのない筆者が、たけいちを「ヒーロー」と認めざるを得なくなった理由について、グループで意見交換する。

T　たけいちが、「僕」の中で「ヒーロー」になったのはどうしてでしょう。
C　家族のために早起きしていてすごい。
C　自分にできないことができる人だから。
C　「家族のために」を堂々と言えて尊敬する。
C　自慢することなくできてすごい。

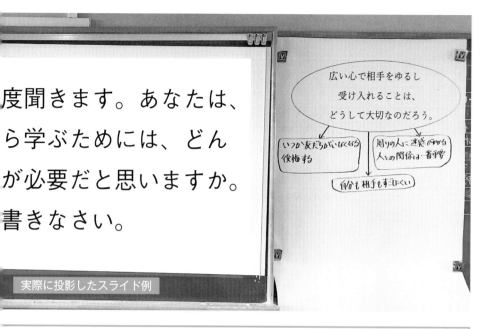

実際に投影したスライド例

# は、どんなことが必要だと思いますか

**③** 本時の問いを再度投げかけ、自分の考えが、最初の問いに対する答えから、教材に触れることでどのように変容したか、またはしなかったか確認する。その際、考えの根拠を必ず記入するように伝える。

T　もう一度聞きます。あなたは、他者から学ぶためには、どんなことが必要だと思いますか。理由も書いてください。

C　信頼。自然と学ぶことができるから。

C　観察。理由は、行動を見て分かることがあるから。

C　足りないことを知る。理由は、自分に足りないものを補えるから。

## 次時へつなげるポイント

　生徒たちの多くは、他者から学ぶためには、相手を知ったり認めたり、信頼や尊敬をしたりすることが大切であると考えていた。教材「『一番乗り』たけいち」を通して、自分の足りないところを知ることにも目を向ける生徒がいた。次の教材「『桃太郎』の鬼退治」では、「立場が真逆」である桃太郎と鬼について多面的・多角的に考えながら根拠について明確にすることで、第1時・2時で学んだことを発展させた「寛容な気持ちで他者に接すること」へと「寛容」という概念がもつ本質的価値理解を深めつつ、さらなる自己の向上へとつなげることが期待できる。

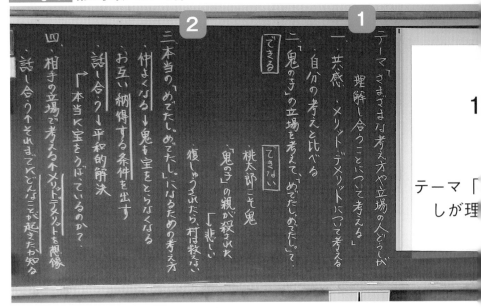

板書（右から左へ）：

テーマ「さまざまな考え方や立場の人どうしが理解し合うことについて考える」

一、共感・メリット・デメリットについて考える
・自分の考えと比べる

二、「鬼の子」の立場を考えて、「めでたし。めでたし。」て。

【できる】
桃太郎こそ鬼
「鬼の子」の親が殺される
復しゅうされたら、村は救えない
〔悲しい

【できない】

三、本当の「めでたし。めでたし。」になるための考え方
・仲よくなる→鬼も宝をとらなくなる
・お互い納得する条件を出す
・話し合う→平和的解決
「本当K宝をうばっているのか？」

四、相手の立場で考える→メリット・デメリットを想像
・話し合うとそれまでにどんなことが起きたか知る

1
テーマ「
しが理

---

## 第3時 あなたは、他者のものの見方や考え方を

**1** まず、「さまざまな考え方や立場の人どうしが理解し合うのに必要なこと」について問い、前時よりもさらに一歩踏み込んで「寛容」や「広い心」について考えさせる。

T 皆さんは、さまざまな考え方や立場の人どうしが理解し合うには、どんなことが必要だと思いますか。

C 共感すること。

C メリット・デメリットについて考えること。

C 自分の考えと比べること。

C 思いやりの気持ちをもつこと。

C 相手を理解しようとする姿勢。

**2** 教材「『桃太郎』の鬼退治」を提示した後、「桃太郎」と「鬼の子」の両方にそれぞれの立場があることを押さえつつ、双方にとって「めでたし。めでたし。」になるためにはどんな考え方が必要なのかについて、グループで意見交換する。

T 本当の「めでたし。めでたし。」になるためには、どんな考え方が必要だと思いますか。

C 仲よくなる。そうすれば、鬼も宝を取らなくなるから。

C お互い納得する条件を出す。

C 本当に宝を奪っているのかについて話し合う。そうすることが平和的解決になる。

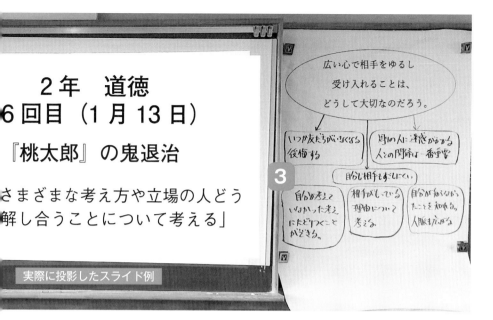

さまざまな考え方や立場の人どう
解し合うことについて考える」

2年　道徳
6回目（1月13日）
『桃太郎』の鬼退治

実際に投影したスライド例

# 学ぶためには、どんなことが必要だと思いますか

**③** 本時の問いを再度投げかけ、自分の考えが、最初の問いに対する答えから、教材に触れることでどのように変容したか、またはしなかったか確認する。その際、考えの根拠を必ず記入するように伝える。

T 第1時で皆さんに聞いた質問について、もう一度考えてください。広い心で相手をゆるし受け入れることは、どうして大切なのでしょう。

C 自分が考えていなかった考えにたどりつくことができる。

C 相手がもつ理由について考える。

C 自分が知らなかったことを知れる。人脈も広がる。

授業を終えて

今回、「相互理解、寛容」（B（9））について3時間かけて生徒に考えてもらった。「寛容」という概念は、生徒には理解するのが難しいと感じたため、国語辞典も参考にしながら「広い心で相手をゆるし受け入れること」という表現に直してみた。「寛容」が内包している複数の価値を分析し、より高次なものへと教材を配列するように心がけた。多くの生徒が、ただ相手を理解するだけでなく、より相手に対して踏み込んだ内容を書いた。また、ユニットを貫く問いを意識しながら毎時間の授業を受けている様子もポートフォリオの記述からうかがえた。

[問い]

# 幸せのタネは何だろう

## ■ 実践のねらい

❶さまざまな場面で感じる「幸せ」について、その「幸せ」のもとになるものは何かを考えることを通して、学年テーマ「幸せって何だろう」に迫っていく。

❷年度当初には漠然とした捉えであった「幸せ」について、これまでの学習を通して少しずつそれぞれの価値観がはぐくまれてきた。3学期はまとめとなる中単元であるため、身近である学校から仕事、命へと思いを巡らせることで、よりよく生きるための芯を見いださせたい。

## ■「問い」と「構成」づくりのポイント

本校生徒がある年に卒業式で歌った曲に「誰もが人生を幸せに歩きたい」という一節がある。そこから、第2学年道徳科の学年テーマを「幸せって何だろう」と設定した。この問いに答えるのは容易ではなく、これまで哲学等の分野で多くの先人たちが思いを巡らせてきたテーマである。予測不可能な未来を生きていく中学生にとって、自分の道を確かに一歩一歩歩んでいくための、自分なりの芯をつくることが必要だと考える。

3学期はいよいよ自分なりの答えにたどり着く時期であり、ここで有機的に働く課題探求型道徳科単元、授業が必要となる。第1時は、身近な学校を舞台とした教材で、主人公の「在籍できて幸運だ」の言葉を手がかりに幸せのタネを探す。第2時は、勤労に視野を広げ、小さな村の医院に勤めることになった主人公が「我、ここに生きる」と決めたことから、幸せのタネを探す。第3時には、ホスピスの患者である主人公が亡くなる間際まで絵を描き続けていた姿から、幸せのタネを探す。3時間を通して異なる状況から得られた考えをもとに、自分にとっての幸せのタネは何かを模索する。

## ■[ユニット] 授業ストーリー

**使用教材** 東京書籍「新しい道徳 2」

**第1時** 私が「幸運だ」と思うのはなぜだろう

> **主 題** 「学校で紡ぐ幸せ」 C(15)
>
> **内容項目** よりよい学校生活、集団生活の充実 **提示教材** 「四十七年に感謝をこめて」
>
> 主人公が幸運だという理由を考えることを通して、学校は長年にわたり多くの先輩たちの歴史が刻まれていることを理解し、その歴史の一員であろうとする態度を育てることをねらいとする。学年のテーマが「幸せって何だろう」であり、この単元で自分の考えを深めていけるよう、第1時で問題意識をもてるようにする。

**第2時** 道下さんに「我、ここに生きる」と決断させたのは？

> **主 題** 「勤労で紡ぐ幸せ」 C(13)
>
> **内容項目** 勤労 **提示教材** 「我、ここに生きる」
>
> 小さな村の診療所に赴任した主人公の道下医師が「我、ここに生きる」と決断した理由を考えることを通して、自分が役に立ったという意識が仕事へのやりがいや生きがいにつながることを理解し、社会に貢献し自分の幸福を追求していこうとする態度を育てることをねらいとする。前時の考えと比較させ、次時へつながる時間としたい。

**課題探求のプロセス**

**第3時** なぜ北村さんは絵を描き続けたのだろう

> **主 題** 「命で紡ぐ幸せ」 D(19)
>
> **内容項目** 生命の尊さ **提示教材** 「奇跡の一週間」
>
> 主人公でホスピス患者の北村さんが痛みや辛さがありながらも最期までパソコンで絵を描き続けた理由を考えることを通して、命を輝かせることが自分の幸せにつながることに気づき、幸せに生きる意味を見いだそうとする意欲を育てることをねらいとする。最終時のため、これまで見つけた幸せのタネとも関連づけながら考えさせたい。

 **自己の生き方についての考えの深まり**

## ■授業を通じて子どもが考えを深めていくための工夫

子どもの考えを深める教師の技

### 畑シート（学級ポートフォリオ）

毎時間の終末に本時見つけた「幸せのタネ」を記述させた。そこから学級全員分の「タネ」をまとめ、それらを畑に植えよう、というコンセプト。

### Qword（問い合うための言葉集）

語り合いの場面で、相互に「訊くように聴く」ことを促すためのツール。実際にこの言葉を使いながら問い合い深め合う姿が見られる。NHK for School「Q～こどものための哲学」を参考に作成し、本校ではさまざまな教科で使用している。

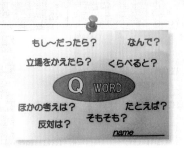

### ✒️指導のポイント

　本ユニットは、3本の教材に登場する主人公の「幸せ」について考えることを通して、「幸せのタネ」は何かを考える構成である。同じ教材の同じ主人公について考えたにもかかわらず、一人一人の考えが異なる。それらを一枚にまとめることで、互いの価値観に触れることができる。次時の導入で配布して、「これいいな」と思ったタネに色を塗って自分の心の畑にタネを植えていく。互いの価値観を認め合い、高め合うことができる。授業冒頭の語り合いが本時への問題意識を高めるきっかけとなる。また、語り合いの際には「訊くように聴く」ことを意識させ、互いの考えを聴き合うだけでなく、問い合うことでさらに深まりのある対話になる。

## Aさん

[導入時の姿]

4月には「ゲームをしているときや、犬とじゃれているときが幸せ」と記述しており、短絡的な考え方をしていた。

**第1時**

「今までたくさんの先輩達が刻んできた長い歴史の中に、自分たちが新たなページを加えることができて幸せだと感じた主人公にとても共感した。主人公のように、自分のできることや幸せなことを考えながら生活していきたい」と記述した。

**第2時**

「もし、自分が誰かのために何かを達成したときに、相手からもらう感謝の言葉は心を動かすものだと思う。これが幸せのタネだと思った」と記述し、物事を頼まれたり、相手のために行動したりした経験を教材に重ね合わせて考えた。

**第3時**

「一生懸命生きることの大切さを、言葉だけじゃなく、行動で伝えることの大切さを学んだ。そして、その主人公の姿から日々生活している中で生きる大切さを言葉でしか考えていなかったと気づかされた」と振り返りを記述した。

[変容した姿]

「感謝の言葉」「言葉だけではなく行動の大切さ」「夢をもち続けること」を実行すると、相手も自分も幸せになれると発言した。

## Bさん

[導入時の姿]

4月には「自分が好きなことや楽しいことをしているとき、興味のあることをしているときが幸せだと思う」と記述していた。

**第1時**

「少しでもタイミングがずれていたら上田中の70周年の節目にはいられなかったから、幸せだなって思った。140mののり巻きは、その時だからこそで、自分たちにしかできないことだから、作り上げることが幸せだと思った」と記述した。

**第2時**

「道下さんは新しい目標を人々のつながりのおかげで見つけることができた。自分を必要とする声、人々の願いを聞くことで自分では気づけなかった、『自分にしかできないこと』に出会える。そんな生き方が幸せに見えてきた」と記述した。

**第3時**

「学校外の活動として毎年、病院のホスピスで合唱を披露しに行っている。実際にどんなところか知っている分、主人公の生きる強さを感じた。自分の生きる時間を何か意味のあるものにすることが幸せなんだと思った」と振り返りを記述した。

[変容した姿]

「自分一人だけでなく、誰かとつながったり、誰かのために何かをしたりすることで幸せはかけ算される」と記述した。

板書の文字：
幸せのタネは何だろう？

3

思い出を共有

日常

自分たちができないことを創出

今しかできないこと

2

品

四十七年に

記念すべき時
中生としていら
ことは偶然に
ない。

私が 幸運 だ と 思うの1

一生経験できない 思い出

イベントはこの学校だからこ

自慢の校舎にいれた

歴史の一部として 想いを

## 第1時 私が「幸運だ」と思うのはなぜ

**1**　はじめに3時間のユニットの問いを設定する。そのため、年間の問いに対する4月の考えを交流しながら考えさせる。

T　学年テーマ「幸せって何だろう」について4月時点のノートを見てごらん。

C　温かいごはんが食べられる。

C　友達と話したり遊んだりする。

T　みんなそれぞれ違うね。幸せって、もしかしてその「もと」になるものがあるのかな？

C　幸せのタネみたいなものはあると思う。

**2**　教材の内容を知り、問いをもてる。「幸運」という主人公の言葉に着目し、なぜ「幸運」と思うのか考えさせていく。

C　節目の年に在籍していて、47年間の歴史の一部になれたから。

C　みんなが一つになれたから。

T　何が一つになったの？

C　広廊下（ひろろうか）に集まった全校生徒、保護者、地域の人、そして卒業生とか、みんなの心が一つになった。

C　学校への想いが一つになって、47年の一員として学校の新たな歴史の1ページを加えられたこと。

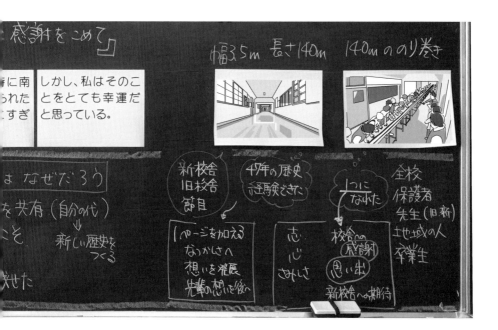

# だろう

**3** 本時の問いに対する考えをノートにまとめ、交流させる。その後、単元の問いである「幸せのタネ」を考え、記述させる。

T では、今日の学習から、「幸せのタネ」は見つかりましたか？

C 何気ない日常だと思う。やっぱり思い出になるのは日常だから。

C 自分が思い出にするだけではなく、みんなと思い出を共有することではないか。

C 少し似ていて、自分たちにしかできないことを創り出すことじゃないかな。

**次時へつなげるポイント**

本校が70周年を迎えて式典に参加したことで、自分自身と重ねて考えた生徒が多かった。終末で、以下の生徒会長の言葉を紹介した。

「（前略）上中にはたくさんの私たちの道しるべがあります。それは先輩方が築いてきたもの、守ってきたもの、途切れさせることなく次の世代につなげてきてくださったからこそ、今、私たちが挑み続けられる場があるのだと思います。先輩方がつないできたもの、そして、想いをずっとずっと繋ぎ続けていきます。」

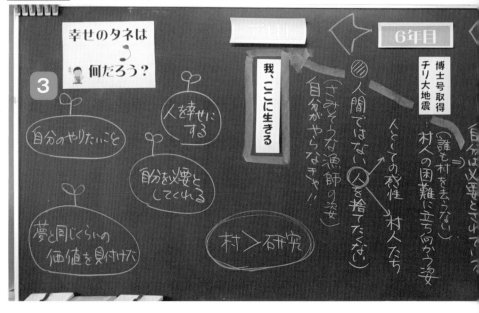

## 第2時 道下さんに「我、ここに生きる」

**1** 前時の「幸せのタネ」を1枚にまとめた「畑シート」を配布し、自分が「いいな」と思うものに色を塗らせる。そこから本時につなげる。

C 「偶然を大切にする」。偶然の重なりは、まさにそのとき自分たちしか味わえないことだから。

**T 同じものを選んだ人は？（挙手多数）Cさんはなんでこれを選んだの？**

C これと「想いを共有」。偶然をともにすると、想いも共有することにつながる。みんなで幸せになれる。

**T 「おー」って声があがったね。今日はどんなタネが見つかるかな？**

**2** 本時の問い「『我、ここに生きる』を決断させたのは？」に迫る。その際、Qwordを用いて、互いに問い合わせる。

T 道下さんにそう決断させたのは何？

C 人を捨てたくないんだよ。2つの意味で。1つは村人たちを見捨てたくない、もう1つは人としての感性。「ここで村を去ったら医者として人間としてどうなんだ！」という気持ち。

C 村の人たちからお願いされたとき、自分は必要とされているんだと強く感じたのだと思う。自分がやらなきゃって。医療についての研究は村の人たちのためにってなったと思う。

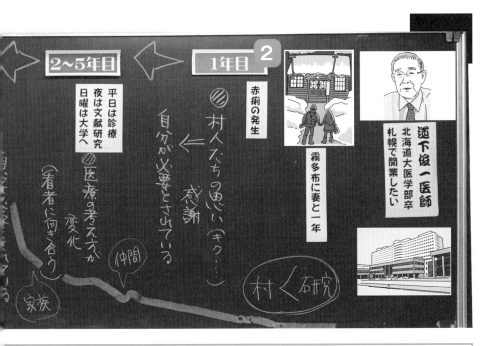

# と決断させたのは？

**3** 本時で考えた「幸せのタネ」を記述させる。

**T** 今日はどんな「幸せのタネ」を見つけられたかな？

**C** 自分のやりたいこと。道下さんは本当にやりたいことは医療で人を助けることだと気づいたのだと思う。

**C** 自分を必要としてくれる。誰かの役に立てること、誰かに必要としてもらえることは、自分の存在の大きさを自覚することにつながる。それを知れたらすごく幸せだと思う。

**C** 人を幸せにすることだと思う。幸せって一人ではなれないのかも。

## 次時へつなげるポイント

この教材は、文章が長いため事前読みをさせたが、この教材を通して何を学ぶのかを明確にしなければ、浅い理解にとどまってしまう。そこで、教材のあらすじを押さえつつ、本時の問いを一緒に考え、道下さんは嫌々霧多布に向かったが、最後はその地で生きていくと決める姿にフォーカスし、再度教材を読んだ。前時とは異なり、生徒たちの日常とはかけ離れた教材であったが、村の人に愛され、褒められ、彼らの役に立ち、必要とされる存在となった主人公の姿に感銘を受けたようである。

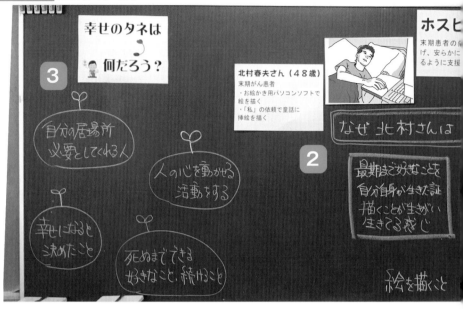

## 第3時 なぜ北村さんは絵を描き続け

**1** 前時同様、「畑シート」を配布し、自分が「いいな」と思うものに色を塗らせる。どれを塗ったか、なぜそれを選んだのかを交流させる。

C 人に自分が受け入れられることと、自分が必要とされる場所を見つけること。自分の価値に気づけることは幸せにつながると思う。

C 自分の夢以上の価値を見つけること。自分の理想よりもっと自分に合っていて、もっと価値のあることを見つけられたら幸せだと思う。

T 最後の時間、どんなタネを見つけられるかな？

**2** 死を目前に北村さんはなぜ絵を描き続けたのかを探る。初発の感想で北村さんと私のどちらに寄り添っているかを把握する。

C 「死んでしまった人」ではなく、「一生懸命『生きていた人』」が印象的。

T 北村さんは一生懸命生きていた人。なぜ描き続けたのかな？

C 最期まで好きなことをして、それを自分が生きた証にしたかった。

C 喜んでくれる人のためにがんばって描きたい。頼られたからには！

T 北村さんにとって絵を描くこととは何だったのかな？

C 自分の生きる意味、幸せなこと。

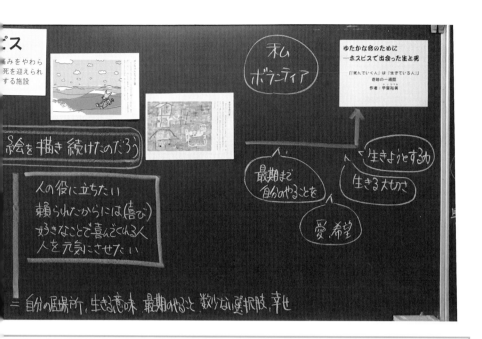

# たのだろう

**3** 本時で考えた「幸せのタネ」を記述させる。

C　人の心を動かすこと。それは行動で。活動的な感じ。

C　好きなことを最期まで続けること。それを見つけること。

T　北村さんは幸せだったのかな？

C　好きな絵を描き続けられたのは幸せ、生きがいを感じていたから。

T　もし、絵を描かず、何もしないで最期を迎えたらどうだったのかな？

C　生き生きしないし、明るい笑顔を見せることはなかったのではないか。

T　北村さんは命を精一杯輝かせたんだね。黒板にも命が見えるね。

単元のまとめを紹介する。

「幸せのタネは無限だと思う。無限の偶然を大切にすることが幸せになる。自分が書いたタネを育てられるように大切にしたい」

「大きな活動を起こしたり、人に信頼されたりして関係がより大きく強いものになり、幸せを感じることができるし、幸せを共有することもできると思った」

「幸せについて1年間考えてきたけど、自分と幸せの感じ方が似ている人がいるから、もっと相手を幸せにできるかもと気づき、この3時間があってよかった」

[問い]

# 「生命を尊重する」とはどういうことか

## ■ 実践のねらい

❶ 多くの倫理的問題を含んでいる「ドナーカード」や「尊厳死」の問題について考え議論することを通し、どのように生きることが生命を尊重していることになるのか自分なりの考えをもち、それを実現させようとする心情を高める。

❷ 普段、話し合う機会が少ない「死」や「尊厳死」について考え、語り合うことを通して、生命のもつ侵し難い尊さを認識し、生命について考え続け、生命に対する個人の考えや判断を尊重しようとする実践意欲と態度を養う。

## ■「問い」と「構成」づくりのポイント

私は、「授業を通して生徒に何かを教えよう」、ではなく「このテーマについてあなたの考えを教えて」という姿勢で、毎時の道徳授業を構成している。実際の授業でも、教師が思い至らないような発言も多く、生徒から教えられることばかりである。

中学生ともなると生命の尊さについて、その連続性や有限性なども含めて理解し、かけがえのない生命を尊重することにも疑いがないであろう。一方で「脳死」や「尊厳死」といった現代的な課題について考える機会はほぼないのが現状なのである。

本実践では「生命を尊重するとはどういうことか？」をテーマとして、①ドナーカード②尊厳死③命を諦めないために、について3時間の重層型ユニット学習を計画した。生徒がテーマについて考え判断するには充分な情報が必要である。朝読書の時間を活用した事前学習の充実に加え、前時の振り返りを学級通信を通して共有することで、次時の判断の際の土台になるようにした。正解のない問いを自分事として考え、自分なりの納得解を紡ぎ出すとともに、授業後も問いに向かい続ける姿勢をはぐくむことをねらいとした。

# ■[ユニット] 授業ストーリー

**使用教材** ①教育出版「中学道徳 3 　とびだそう未来へ」　②東京書籍「新しい道徳 3」

**第1時** 「生命を尊重する」には、どう考え、どのようにしたらよいのか？

> **主　題** 「脳死と臓器提供をどう考えるか」　　　　　　　　D(19)
> **内容項目** 生命の尊さ　**提示教材** 「家族の思いと意思表示カード」(教材①)
>
> 第 1 時では、第 2 時での判断に必要な情報を十分に吟味するため、教材を差し替え「脳死」「ドナーカード」について、臓器提供を待つ側、脳死に直面した側、当事者を取りまく人々など、多様な立場から生命について考えを深める。クラスメイトと考えを交流させることによって、本時の問いについて自分なりの考えを明らかにしていく。

**第2時** どのような条件が整えば「生命を大切にしている」といえるのか？

> **主　題** 「『死ぬ権利』は認められるのか」　　　　　　　　D(19)
> **内容項目** 生命の尊さ　**提示教材** 「人間の命とは」(教材②)
>
> 第 2 時では、脳死状態の娘の「死ぬ権利」を求めて両親が起こした「カレン裁判」に関する教材を取り上げる。第 1 時の振り返りをまとめた学級通信を活用したモデレーションを行い、「『死ぬ権利』はあるのか」についてクラスメイトと話し合うことを通して「尊厳ある命とは何か」について深く考えることができるようにする。

**第3時** 限界の状況でも生きようとするとき、大事なことは？

> **主　題** 「極限状態での命を考える」　　　　　　　　　　　D(19)
> **内容項目** 生命の尊さ　**提示教材** 「くちびるに歌をもて」(教材③)
>
> 第 3 時の教材は、山本有三が訳した昭和初期の文学作品であり、軍国主義の中、青少年を勇気づけたいという訳者の意図も大切にしたい。娘の命を諦めなかったカレンの両親のように、ギリギリの状況でも命を諦めなかった主人公を支えていたものはいったい何だったのかを話し合い、本時の問いについて考えを深める。

**課題探求のプロセス**

## 自己の生き方についての考えの深まり

## ■授業を通じて子どもが考えを深めていくための工夫

### 子どもの考えを深める教師の技

#### 多様なクラスメイトと意見を交換する場と時間の保証

自由に立ち歩いて、聴きたい相手と意見を交流する場を設定する。班で意見を交流するときとは異なり、限られた相手だけでなく、より多様な意見に触れることが可能になる。

#### 学級通信を活用したグループ・モデレーション

「道徳授業のふりかえり」が掲載された学級通信を、授業の導入で読むことを通して、授業中に直接意見を交流することのなかったクラスメイトたちの考えを知り、前時の学びと本時とをつなぐ役割も果たす。

### 🖋️ 指導のポイント

　毎週発行している学級通信は、生徒による「道徳授業のふりかえり」を中心に据えている。生徒が抵抗なく記述できるように、無記名で掲載している。配布すると、生徒たちはじっくりと読み入る。普段は朝読書のタイミングで配布することが多いが、授業の導入に配布しグループ・モデレーションにつなげると、ユニット学習では効果的である。

　机を「島」にして班をつくると固定的なメンバーとの意見交換が繰り返されるにとどまりがちである。自分が意見を聴いてみたい相手と自由に意見交換する際、「4人以上と」「この授業でまだ意見を交換していない相手と」といった条件を変えることで、より多様な考えに触れる機会となると考える。

|  | Aさん | 課題探求のプロセス | Bさん |
|---|---|---|---|

## Aさん

**[導入時の姿]**

「愛する人の体はそのままにしておきたい。誰にも渡したくない。自分の家族に臓器提供の意志があっても反対」と記述していた。

## Bさん

**[導入時の姿]**

「その人は死んでも肉体の一部は誰かの中で生き続ける。ドナーカードを手に取ることで考える機会を作れる」と記述していた。

**第1時**

「臓器提供を待つ人、臓器提供したいと考える人など、さまざまな立場の人の意思をすべて大切にすることが、生命尊重につながるのかな。分からない気持ちがたくさんあるので、もっと知りたい」と記述し授業後に家族と話し合ったと教えてくれた。

「死は誰かが絶対に傷つく」としながら「今生きているすべての人たちのことを考えて命をつないでいきたいと考えることが、生命尊重につながる。誰かのためにがんばれた一生は輝かしい一生」とし生命は自分だけのためにあるのではないと考えた。

**第2時**

友達に声をかけられ、多くのクラスメイトと意見交流した。「生命について今回も前回も、どちらも本人の意思が重要。カレンの両親の望みは、安らかな死ではなく、自分で生きられる時間を大切に共に過ごすことだったのではないか」と記述した。

導入では「人間らしく死を迎えた方がいい」と発言していた。「脳死や植物状態なら、死なせて楽にしてあげたいという思いが強かったが、死ぬまでの期間を支える人がどう生きるかも大切」と記述し、当事者の周囲の人間ができることについて考えた。

**第3時**

第1・2時は「生命に対する本人の意思が重要」と考えていたが、「自殺」について友達と考えを交流することで「命はもっている本人だけでなく周囲と共に守り支え合うもの」と記述し、当事者だけでなく周囲の人の心にまで考えを広げていた。

「自分一人じゃない、という気持ちは、人間にとって大きな励みになる」と意見を発表し「自分にできることは、人に勇気や希望、生きる意味を教えてあげること」と記述し、授業で学んだことを実践したいという気持ちを高めた。

**[変容した姿]**

「生命に対する見方が変わった。家族とも話してみて、命について深く考えられた」と多様な立場を尊重して生命について考えていた。

**[変容した姿]**

「人の命について分からないことは山ほどある。命の選択に正解などない。将来まで今の気持ちをもち続けたい」と考え続ける姿があった。

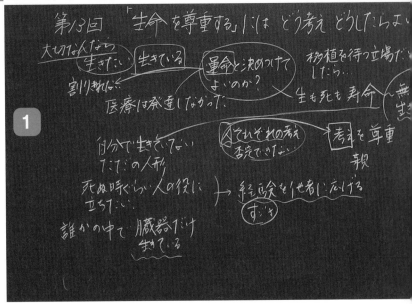

### 第1時 「生命を尊重する」には、どう

**1** 「『生命を尊重する』とはどういうことか」をテーマに3時間のユニット学習を進めることを伝えた後、事前に「家族の思いと意思表示カード」を読んだ感想をすり合わせる。

**T** 「人の生死を運命と決めつけてよいのか」という意見がありましたが、どう考えますか。

**C** 無理に生きるなら…寿命というものがあるし。

**C** 無理に延命して植物状態ならただの人形にしかすぎないのでは。

**C** 自分の大切な人が移植を待つ立場だとしたら、複雑な気持ちになる。

**2** 「大切な人が臓器提供を待つ側だとしたら」という生徒の意見から次の問いを立て、自由に立ち歩いて、意見を聴き合う時間を取る。

**T** 自分の大切な人が臓器提供を待つ側だとしたら、という意見について、どう考えますか。

**C** 臓器をもらいたい。難病の親ならわずかであっても、助かるという可能性にかけたいと思うはず。

**C** 自分の臓器提供によって誰かが助かるならそうしたいが、自分の親が悲しむかもしれない。

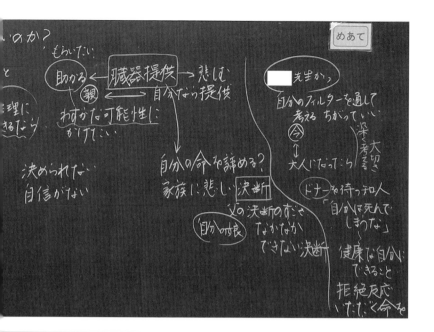

# 考え、どのようにしたらよいのか？

**3** 脳死となった娘の臓器移植を決断した両親のニュース映像を視聴し、さらに議論を深める。その後、参観していただいた養護教諭からコメントをいただく。

C ドナーカードの、臓器提供に〇をつけるということは、自分の命を諦めることにはならないのかな。

C でも書かないと、家族に悲しい決断をさせることになっちゃう。

C ドナーカードにどう書くか決められない…。

T **決められないのはどうして？**

C 判断が正しいのか自信がない。

授業中も終了後も「難しい…」という声があちこちからあがった。考えるための手立ては事前に用意したが（朝読書で教材を読む、考えをワークシートに記入する、ドナーカードや脳死に関する資料）、「こんなに真剣に生や死について考えたことが今までなかった」という感想が多く出た。本人の意思を尊重すること、臓器提供について家族と話し合う大切さといった感想があった。臓器提供の賛否について「答えが出ない」「正解はない」という意見もあり、学級通信に掲載して共有した。

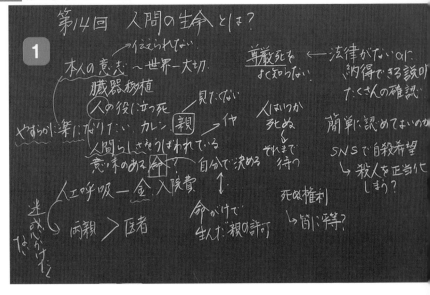

第14回 人間の生命とは？

**1**

本人の意志 〜世界一大切
↗伝えられない

臓器移植

人の役に立つ死
見てない

やすらかに楽になりたい カレン 親 →イヤ

人間らしさをうばわれている
人はいつか死ぬ それまで待つ

意味のある命？ 自分で決める

人工呼吸—金 入院費↑

迷惑かけたくない

両親 ＞ 医者

命がけで生んだ親の許可

死ぬ権利
↳ 国に将？

尊厳死をよく知らない ←法律がないのに
納得できる説明
たくさんの確認

簡単に認めてないのか

SNSで自殺希望
↳殺人を正当化しまう？

---

**1** 事前に「人間の命とは」を読み、裁判長の判断に対する自分の考えを記入し、記述をもとに意図的指名し感想を交流する。

T 本人の意思が世界一大事、という意見についてどう思いますか？

C 本人は楽になりたいと思う。

C カレンは人間らしさを奪われていて、意味ある生といえるのかな。

T 両親の意思はどうでしょう。

C 親ならその姿を見るのが辛い。人間として死なせてやりたいのでは。

C 生死はその人が決めるべきだけど命がけで生んだ親の許可も必要。

**2** 「医者の判断より長く一緒にいた親の意見が優先されるべき」との意見から、酸素マスクを外した後の両親の思いについて話し合う。

T 酸素マスクを外した後、両親はどんな思いで過ごしていたのかな。

C 自発呼吸ということはカレンががんばって生きているということなので、両親はうれしかったと思う。

C できることはしてあげたい。

T できることはしてあげたいというけど、できることって何かな。

C 今の時間を大切に過ごすこと。

C 明るく笑顔で過ごすことが、カレンもうれしいのではないかな。

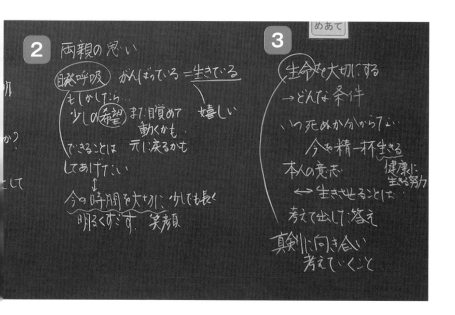

# を大切にしている」といえるのか?

**③** 「酸素マスクを外す決断は、生命を尊重していないのか」について、前時の感想（学級通信）も読み「生命を大切にしている」といえる条件を考える。

**T** どんな条件が整えば、生命を大切しているといえるのかな。

**C** 人間はいつ死ぬか分からないから、今を精一杯生きること。

**C** 臓器提供も、延命措置も、それが考え抜いて出した答えなら、どんな決断でも生命を大切にしている。

**C** 臓器提供や尊厳死の問題について、真剣に向き合い、考え続けていく姿勢が大事なんだと思う。

## 次時へつなげるポイント

「安らかに死なせてほしい、死なせてあげたい、という意見があったが、命はそんなに軽々しいものではない」という意見もあり、生徒の心の中で議論は続いていたようだった。「生きている限り本当にどうしようもないところまで命を大事にすること」という生命尊重の条件を示した生徒の記述を、次時のテーマにつなげた。「生についての決断を、『本人の意思が一番大事』としてしまったら自殺も許されてしまうのでは」という感想が複数出され、次時の導入としてこの生徒の問いを生かした。

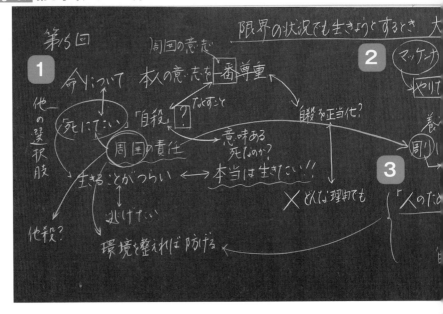

## 第3時 限界の状況でも生きようとする

**1**

「『死にたい』という本人の意思を一番尊重するのはどうか？」について、前時の感想をまとめた学級通信を活用し、意見を交流する。

T 「死にたいという本人の意思」や「自殺」はどう考えたらよいですか。

C 命については、本人の意思だけでなく周囲の意思も尊重されるべきだ。

C どんな理由があっても自殺を正当化してはならない。

T **生きるのが辛くても？**

C 本当は誰だって生きたい。その意思を失わせてしまうのは周囲だから、死にたいのは本人の意思じゃない。

**2**

教材の時代背景を説明し、青少年を勇気づけるために書かれた教材を読んで、主人公の行動を通して本時のテーマについて議論する。

T ギリギリの状況でも主人公が「生」を諦めなかったのはなぜ？

C やりたいことがあった。

T **やりたいことって何だろう。**

C 大切な家族に会いたい。自分には助けるべき存在がいるから。

C 自殺は、生きたい意思を周囲が失わせたけど、この場合は周囲に同じ状況の人がいて、周囲の歌から生きる勇気をもらったのだと思う。

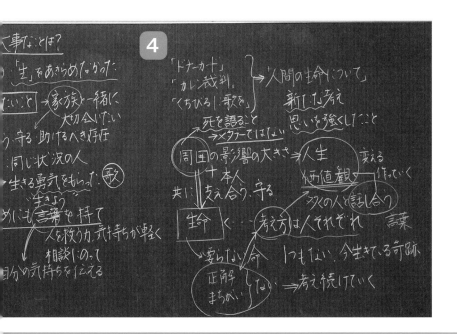

# とき、大事なことは？

**3** 合唱曲「くちびるに歌をも
て」では、作詞者（信長貴富）が「人
のためにも言葉をもて」と訳したこ
とに注目し、その意味について考え
る。

T 「人のためにも言葉をもて」にはど
んな意味があるのかな？

C 言葉には人を救う力がある。

T どうやって救うの？

C 周囲が生きる意思を失わせないよう
に、誰かのためにいい言葉をかける
ことによって、相手の気持ちを軽く
させる力が言葉にはある。

C 相談にのるときも言葉は重要。

C 自分の気持ちも言葉で伝える。

授業を終えて

### 授業の生徒の振り返り

◆周りの人の影響は、本当に大き
い。人生や価値観をいいように
も悪いようにも変えられる。これ
から生きていく中で、多くの人
の想いや意思に触れていきたい。

◆命はもっている本人だけでな
く、周囲とともに守り支え合う
ものだと思う。

◆この世で要らない命なんて一つ
もない。

◆命についての考え方は人それぞ
れだからこそ言葉を用いて伝え
たい。いろんな人と話し合い自
分の価値観を作ることが大切だ。

[問い]
# 夢の実現に向けて歩んでいく中で、どんなことを大切にしたらよいだろう

## ■ 実践のねらい

❶自らが描く夢の実現に向けて、どんな困難や課題があっても、自分で自分を成長させようとする心の在り方を考えながら、力強く乗り越えていこうとする意欲をはぐくむ。

❷夢を追う中には、自らの心と体のバランスを保ったり、崩れてしまっても立て直していったりすることが大切だということを知り、自らを見つめ振り返っていこうとする態度をはぐくむ。

## ■「問い」と「構成」づくりのポイント

　クラスの生徒は高等学校進学に向けて、自分の進路を具体的に選択し、決定するという大切な時期に身を置いている。そのため、「夢の実現」に対する関心はこれまで以上に高くなっている。しかし、部活動を終えた時期でもあるため、多くの場合、自らの生活状況が乱れてきていることが考えられる。そこで、第１時は、夢を実現していくために必要な「ぶれない心」をテーマに、何ごとにも自分が決めたことをきっちりと行っていくことの大切さを、元プロ野球選手の松井秀喜さんの生き方から考えていく学習を設定する。

　第２時では、自らの生活状況を見つめ直すきっかけとなるように、「慎む」をテーマとして、自らの「行儀」と「精神」の在り方を見つめ直し、今後の生活につなげられるようにする。

　第３時では、「ひらめきと実現」をテーマとして、夢の実現に向けて、「失敗」をポジティブに捉え、同時に物事の成功を願いながら探究していく姿勢の在り方を考えさせていくようにする。

　授業が進むにつれ、夢の実現の歩を具体化させていくことができる構成を目指した。

## ■［ユニット］授業ストーリー

**使用教材** ①廣済堂あかつき「中学生の道徳　自分をのばす 3」
②廣済堂あかつき「中学生の道徳　自分を考える 2」（2018 年副読本）

**第1時** 夢への階段を上るためにはどんなことが必要なの？

> **主　題** 「自己の向上」　　　　　　　　　　　　　　　　A（3）
> **内容項目** 向上心、個性の伸長　**提示教材** 「ぶれない心—松井　秀喜—」（教材①）
>
> 第 1 時では、松井秀喜さんが自分をつくるために大切にした生き方を考えることを通して、今の自分と向き合い、自分で自分をよりよく成長させていくことの大切さを見いださせていく。子どもからは、「努力する」や「がんばる」といった安直な意見が出るであろう。そこで、松井秀喜さんの言葉である「きっちりと階段を上る」をもとに、具体性をもって考えるようにする。

**第2時** 調和のとれた生活をするためにはどうしたらよいの？

> **主　題** 「調和のある生活」　　　　　　　　　　　　　　A（2）
> **内容項目** 節度、節制　**提示教材** 「独りを慎む」（教材①）
>
> 第 2 時では、生活における「慎む」ことの意義を考えることを通して、自らの生活を見直し、よりよい生活の在り方を見いださせていく。しかし、子どもは受験生であるため、勉学に励まなければという思いが強い反面、自分の生活の善し悪しについて深く考える機会は少ないと考える。そこで、筆者が考える「慎む」をもとに、自らの生活の在り方を考えるようにする。

**第3時** 失敗をどう捉えたらよいの？

> **主　題** 「物事の探究」　　　　　　　　　　　　　　　　A（5）
> **内容項目** 真理の探究、創造　**提示教材** 「未来をつくる仕事—三島徳七—」（教材②）
>
> 第 3 時では、東京大学名誉教授の三島徳七さんにとっての「失敗」の意味を考えることを通して、物事の本質を探究して、新しい考えを生み出していこうとすることの大切さを見いださせていく。夢の実現に向けて重要な「探究」と「創造」の心の在り方について、先人の生き方をもとに、自らの夢につなげながら考えるようにする。

課題探求のプロセス

> **自己の生き方についての考えの深まり**

## ■授業を通じて子どもが考えを深めていくための工夫

子どもの考えを深める教師の技

### ユニットでの考えの変容が見えるワークシート

学習の記録を1枚にまとめ、下から上へと自分の考えが重なり成長
していく様子が分かるようにする。

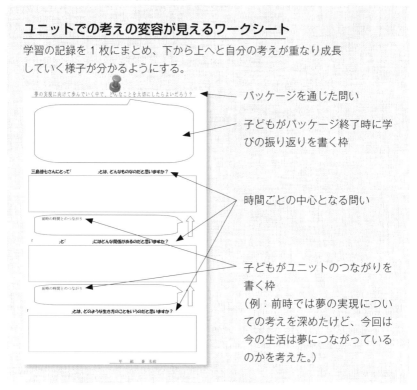

パッケージを通じた問い

子どもがパッケージ終了時に学
びの振り返りを書く枠

時間ごとの中心となる問い

子どもがユニットのつながりを
書く枠
（例：前時では夢の実現につい
ての考えを深めたけど、今回は
今の生活は夢につながっている
のかを考えた。）

## ✒️指導のポイント

　ユニットを構成して授業プランをつくる場合、子どもたちが問いと学びに
対する意識を過去の自分から今の自分へ、そして未来の自分とつなげて考え
られるようにすることが重要であると考えた。そこで、パッケージを通じた
問いに向かう各ユニットにおける中心となる問いと、問いに対する考えが一
目で分かるように1枚のワークシートにまとめた。また、ユニットのつな
がりを意識させていくために、各ユニットの間に吹き出しを設け、「前時と
のつながり」を書かせる。さらに、上部にはパッケージにおける学びを終え
ての考えを書かせる。そうすることにより、学びの連続性を自分のこととし
て捉えやすくなり、心の成長を実感できると考える。

| Aさん | 課題探求のプロセス | Bさん |
|---|---|---|
| **[導入時の姿]** | | **[導入時の姿]** |
| 自分の夢について明確な考えをもっており、日々、ひたむきな姿で努力を重ねる姿が多く見られる。 | | 自分の将来に不安を抱えており、夢について、「昔は自分の夢があったけど、今はよく分からない」と答えた。 |
| 「『きっちりと階段を上る』という言葉は今の自分にはぴったりなものだと思った」と、今の自分を見つめて共感する姿が見られた。また、友達の夢に対する発表にも積極的に応答する姿も見られた。 | **第1時** | 教材の範読後に感想を聞いた際には、「松井秀喜さんの考えは今の自分には難しいな」と発表していた。しかし、振り返りには、「少しずつでも階段を上って、今の自分を自分で成長させていきたいと思う」と書いていた。 |
| 「今の生活は少し乱れていることが分かったし、このままではもっと不規則な生活になっていく気がして少し怖くなった」と発表していた。振り返りには、「夢の実現のためには心と身体の両方を大切にしないといけない」と書いていた。 | **第2時** | 筆者の生活に対して、「今の自分と似ている」と発表していた。振り返りには、「今の自分はまず行儀という形から鍛えていくことが大切だと思うし、それが心の成長につながってくると思った」と書いていた。 |
| 「失敗はしたくないし、しない」と力んで発表していた。しかし、振り返りには、「失敗はよくないことだと思っていたけど、成長のためにはよいことなのだと、自分にはなかった新たな考えを知ることができてよかった」と書いていた。 | **第3時** | 三島徳七さんの姿に「心から凄いと思った」と感動していた。振り返りには、「三島さんのようになりたいと思った。自分はよく失敗するけど、それも成功への道の一つなのだということに気づくことができてよかった」と書いていた。 |
| **[変容した姿]** | | **[変容した姿]** |
| 「夢の実現に向けて、心の成長や生活の在り方、失敗の考え方等、多様な考え方が見つかってよかった」と学習を振り返っていた。 | | 「今は夢の実現に向けて歩むことは難しい。でも、いつか夢をもったときに力強く歩める自分でありたい」と学習を振り返っていた。 |

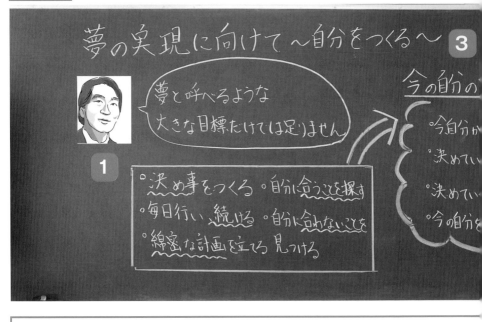

## 第1時 夢への階段を上るためにはどん

1 学びのテーマとして「自分をつくる」を示す。その後、松井秀喜さんの言葉から、自分の能力の向上に必要な事柄を考えさせる。

T 松井秀喜さんが言う「きっちり階段を上るには夢と呼べるような大きな目標だけでは足りません」から、夢の実現に向けてどのようなことが必要なのだと思いますか？

C 決めごとをつくって、毎日行い続けること。

C 綿密な計画と計画どおりにしていく意志の強さ。

C 自分の性格に合った階段の上り方を考えること。

2 教材を読み、松井秀喜さんの生き方や考え方を「きっちりと階段を上る」という言葉をもとに具体的に考えさせる。

T 「きっちり階段を上る」とは、どのような生き方のことを言うのだと思いますか？

C 考えられることを探し続け、すべてをひたむきに取り組んでいく生き方。

C 決めたことは最後まで取り組み続ける姿勢を大切にする生き方。

C 自分の前にどんな困難な壁ができたとしても、決してへこたれずに、何としても乗り越えようとする生き方。

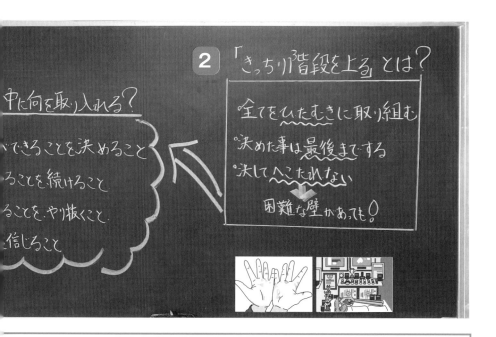

**3** 松井秀喜さんの生き方と自分の生き方を重ね合わせ、今の自分を見つめさせる。

T　自分の中に松井秀喜さんの生き方を取り入れるなら、どんなものがありますか？

C　努力することを決め、続けていくこと。

C　夢を叶えるために自分の決めたことをやり抜くこと。

T　「自分をつくる」生き方を大切にしたならば、どんな自分へと成長するのだと思いますか？

C　何に対しても諦めない心をもつ自分。

C　今とは違う、もっと力強い自分。

## 次時へつなげるポイント

　夢の実現に向けてどうしたらよいのかを、未来の自分を想像しながら具体的に考えているようだった。しかし、「現在の自分の生活は、夢につながるものなのかな」と聞くと、「う～ん」と首をかしげる様子が見られた。そのため、「次の時間は今の自分の心や行動の在り方を見つめてみよう」と伝え、授業を終えた。

143

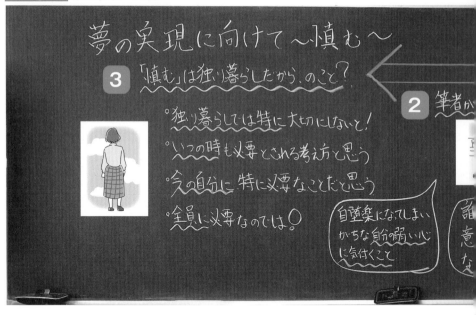

## 第2時 調和のとれた生活をするために

**1**　学びのテーマとして「慎む」を示し、言葉の意味を知らせる。その後、独り暮らしにありがちな生活や忘れそうな事柄を考えさせる。

T　独り暮らしをする中で、「慎む」ことを忘れたら、どんな生活になるのだと思いますか？

C　だらしなくなり、自分勝手な行動をしてしまう。

C　心も行動も乱れてしまう。

C　小さい頃から積み上げてきた生活習慣が大きく乱れてしまう。

**2**　教材を読み、感想交換をさせる。その後、筆者が大切にしようとしていることを考えさせる。

T　筆者が大切にしようとしている「慎む」とはどんなことだと思いますか？

C　自堕落になっている自分に気づくこと。

C　誰かが見ていないと「慎む」を意識できない自分にならないようにすること。

C　自分で自分のことを見つめ直したり、振り返ったりして、よくないことは正そうとすること。

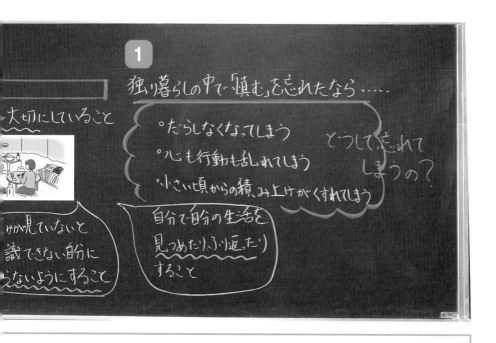

# はどうしたらよいの？

次時へつなげるポイント

**3** 筆者が「慎む」に込めた思いを多様な視点から見いだそうとする姿が見られたら、「慎む」ということの意義を考えさせる。

T 「慎む」ということは独り暮らしだから、のことだと思いますか？

C いつのときも必要とされる考え方。

C 今の自分にもとても必要な考え方だと思う。

T 「慎む」を大切にする心が育まれたら、これからの人生はどんなものになっていくのだと思いますか？

C 常に健康で充実した人生になると思う。

C 今よりもずっと豊かな人生になっていくと思う。

今の自分の生活の在り方を見つめ直したり、今後、独り暮らしをしたときの自分を想像したりして、「慎む」ことの大切さを考えているようだった。また、前時での学びである「夢の実現」につなげて考えている様子も見られた。そのため、「次の時間は、夢の実現に向けて歩む中で出会う多くの失敗について考えてみよう」と伝え、授業を終えた。

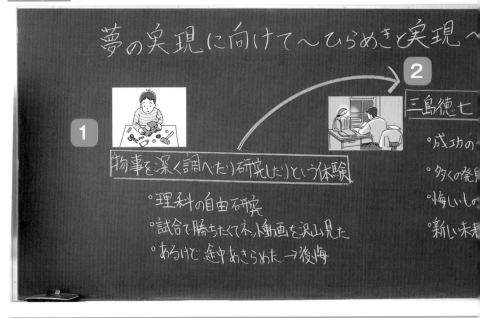

## 第3時 失敗をどう捉えたらよいの？

**1** 学びのテーマとして「ひらめきと実現」を示す。その後、物事を深く調べた体験を振り返らせる。

T 今まで、物事を深く調べたり、研究したりするという体験はありますか？ また、それはどのようなことですか？

C ある。理科の自由研究で、植物のつくりやはたらき、種類を調べた。

C あるけど、途中で挫折した。

C ない。でも、エジソンさんや安藤百福さんの研究が紹介されている記事は読んだことがある。

**2** 教材を読み、感想交換をさせる。その後、三島徳七さんにとっての「失敗」に対する捉えを考えさせる。

T 三島徳七さんにとって「失敗」とは、どんなものだと思いますか？

C 成功に向けて多くの発見と出会えるのものだと思う。

C 悔しくて、嫌なことには違いないけど、それでも成功させてやるのだと思えるくらいの力の源になっているのだと思う。

C 新しい未来を創っていくために必要なもので、その先には必ず成功があるのだと思う。

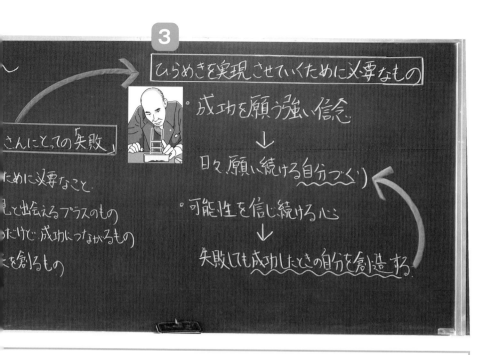

物事の実現に必要な事柄を、三島徳七さんがいう「ひらめき」をキーワードに考えさせる。

T 「ひらめき」を実現させていくためには、何が必要なのだと思いますか?

C 多くの失敗に対する成功を願う強い信念。

C 可能性を信じ続ける心。

T あなたは未来を創る一人として、どんな生き方をしてみたいですか?

C いろいろと調べ、新しいものを創り出していく生き方をしてみたい。

C 何か一つでも深く調べたり追求したりできる生き方をしてみたい。

### 授業を終えて

　夢の実現に向けて歩む中で出会う多くの失敗を想像しながら考えているようだった。また、どんな失敗と出会っても、諦めずに探究し続けていけば必ず成功につながるのだという考えを見いだしているようだった。パッケージを通して、将来の自分の在り方を真剣に想像したり、今の自分や過去の自分を夢の実現につなげて見つめ直したりする姿が多く見られた。

[問い]

# より広い社会でよりよく生きていくために大切なことはなんだろう

## ■ 実践のねらい

❶中学校を卒業し、より広い社会で生きていく生徒に、身近に感じられる教材を活用してさまざまな問題を自分ごととして考えさせることを通して、社会の一員としての在り方を見つめさせる。

❷育ててくれた家族や周囲の人々・社会への感謝の気持ちをもちながら、さまざまな価値観をもつ人々との関わりの中で、自分らしく社会に貢献していこうとする態度を育てる。

## ■「問い」と「構成」づくりのポイント

卒業がいよいよ間近に感じられるようになる時期に、より広い社会で生きるための在り方について改めて考えることは、意義のあることだと考える。誰もが一度は経験するような身近に感じられる教材を活用し、より自分ごととして考えられるようにした。また、生徒が友達との語り合いを通して道徳的な問題について考え、個々の納得解の紡ぎとなるよう、教師はコーディネーターとしての役割を担っていることを意識して授業を展開していく。

第1時では、情報モラルと関連させ、情報社会において責任ある生き方やあるべき姿について考えさせ

た。学校生活で起こりやすい場面設定がなされた教材を選択した。

第2時では、より広い社会に場面を設定し、一般社会における自分自身の在り方を公徳心の視点で考えさせた。また、さまざまな人との関わりの中で自分の生活が成り立っていることにも気づかせ、社会の一員としての自覚を高められるようにした。

第3時では、勤労の意義について考えさせ、将来は社会に貢献できる人生を送ろうとする態度をはぐくむことができるようにした。3時間の授業を通し、社会の一員としての自分の在り方・生き方について広がりをもって考えられるよう構成した。

# ■［ユニット］授業ストーリー

**使用教材** ①廣済堂あかつき「中学生の道徳　自分をのばす3」　②文部省「中学校 社会のルールを大切にする心を育てる―道徳教育推進指導資料（指導の手引）」

**第1時** 情報社会での責任とはどのようなことだろう

> **主　題**「情報社会で生きる」　　　　　　　　　　　　　　A(1)
> **内容項目** 自主、自律、自由と責任　**提示教材**「ピヨ子」（教材①）
>
> 学校生活という身近な場面で起こり得るインターネット利用上の問題を取り上げた内容であり、多くの生徒が自分ごととして考えることができる。友達との語り合いを通してさまざまな視点で考えさせた。そして、情報社会における自由と責任について考えさせ、情報社会に生きる社会の一員としての在り方について見つめさせることをねらいとした。

**第2時** 社会の一員として守るべきこととはなんだろう

> **主　題**「公と私」　　　　　　　　　　　　　　　　　C(10)
> **内容項目** 遵法精神、公徳心　**提示教材**「傘の下」（教材②）
>
> 第2時も身近に感じられる問題を取り上げた教材であり、多くの生徒が共感しながら自己を見つめることができる。第1時より広い社会での場面において、「私」を大切にする心と「公」を大切にする心の関係について考えを深めさせ、公徳心により自分たちの社会をよりよいものにしていこうとする態度を育てることをねらいとした。

*課題探求のプロセス*

**第3時** 働いて社会貢献することはなぜ大切なのだろう

> **主　題**「働くということ」　　　　　　　　　　　　　C(13)
> **内容項目** 勤労　**提示教材**「てんびんばかり」（教材①）
>
> 将来の職業に対する希望を見いだせない生徒が多くいる中で、家族の姿から勤労の尊さや意義を考えさせることは大切だと考える。第1・2時において社会の一員としての在り方について見つめたことをもとに、勤労を通して社会貢献することに喜びや生きがいを感じさせ、社会の一員として誇りをもって生きていこうとする態度を育てることをねらいとした。

### 自己の生き方についての考えの深まり

# ■授業を通じて子どもが考えを深めていくための工夫

子どもの考えを深める教師の技

## 授業の指導案は大まかに

ポイントをおさえた大まかな指導案をつくることで、柔軟な授業展開となる。教材研究用の「道徳ノート」には、①内容項目について、②授業のねらい、③テーマ、④教材名、⑤授業展開案（発問等）、⑥板書計画などを書いている。

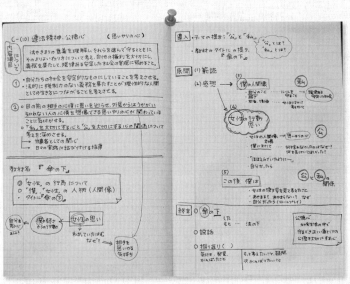

## ✐指導のポイント

　授業前には、ねらいを決めたり発問を考えたりするなどの教材研究を行う。しかし、教師が決めた発問どおりに授業を進めると、教師主導の授業展開となってしまいかねない。授業のねらいを達成させるためにも、あらかじめ発問を決めて授業に臨むが、発表された生徒の考えや言葉をうまく生かしながら、あらかじめ考えておいた発問も考慮して発問を提示するようにしている。そのために、授業前には生徒の反応をたくさん予想し、「こんな考えが発表されたらこんなふうにつないでいこう」など、あれこれ考えて授業に臨む。

| Aさん | 課題探求のプロセス | Bさん |
|---|---|---|
| **［導入時の姿］** | | **［導入時の姿］** |
| クラスメイトの役に立ちたいという思いが強いが、普段の生活において、思いの違いから友達とトラブルになることがある。 | | 物事をしっかり考えることができるが、自分に対する評価が低く、他者や社会に対する関心も高いとは言えなかった。 |
| 教材について、自分にも同じような経験があり、自分ごととして考えていた。ノートには、「見えない相手と接するときは、目の前にいても同じ行動がとれるのかという基準で考えていくとよいと思います」と書かれていた。 | 第**1**時 | ノートには、情報社会における「責任」について「法律で罰せられることもある。情報モラルについてみんなで考えていかなければならない」と書かれ、情報社会における責任ある行動についてさらに考えていきたいという思いも書かれていた。 |
| ノートには、「自分の勝手な行動が他人に迷惑をかけてしまうことがあるので、自分の行動が他人にどう影響するかよく考え、正しく行動できるようにしたい」と書かれ、また正しさについてさらに考えていこうとする思いも書かれていた。 | 第**2**時 | ノートには、「自分の行動が本当に正しいかどうか迷うことがあります。知らない人からの思いやりで自分が支えられていることがあるということが分かりました」と書かれており、社会との関わりを新たな視点で考えることができた。 |
| ノートには、「将来の夢はまだ決まっていませんが、自分にできることは何か考え、働くことで社会に貢献できる大人になりたいと思います」と書かれており、自分のためだけでなく、社会のために働く自分を思い描いていた。 | 第**3**時 | ノートには、「自分の生活のために仕事をするという考えだったが、働いて税金を払うことで、学校に通うことなど社会から受けた恩を返すことができると気づいた」と書いており、グループでの語り合いにより自分の考えを深めていた。 |
| **［変容した姿］** | | **［変容した姿］** |
| 授業中は挙手をして進んで発表した。社会との関わりで考えることにより、他者の気持ちを思いやる発言が多くなった。 | | クラスメイトとの語り合いを通して社会との関わりについてさまざまな視点で考えた。ノートには新たな気づきがたくさん書かれていた。 |

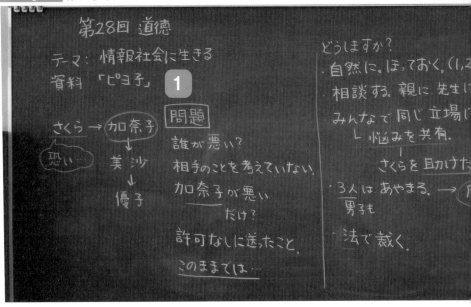

第1時 情報社会での責任とはどのよう

**1** 「みんながよい思いで過ごせるよう、解決しなければならない」という多数の意見から、解決方法について考えさせる。

**2** 情報社会における社会の一員としての在り方について考えさせると、「自分の行動に責任をもつこと」などの共通解を導き出していく。

C　さくらからの許可なく勝手に他人に画像を送ってしまった加奈子が悪いと思います。美沙も、優子も。

T　こういうこと、経験したことある？

C　あります。とても嫌でした。どうすることもできませんでした。

T　このままでいい？　どうしたらいいかな。解決方法を考えてみよう。

C　親や先生に相談する。

C　何もせずみんなが忘れるのを待つ。

T　情報社会で生きる私たちはどうあるべきか考えてみよう。

C　（情報機器の）正しい使い方を知る。

C　情報モラルを守る。

T　具体的にどのようなことですか。

C　個人情報を流さないこと。

C　他人の誹謗中傷はいけない。

C　顔が見えないけれど、見えているときと同じ言動をとる。

C　自分の行動に責任をもつこと。

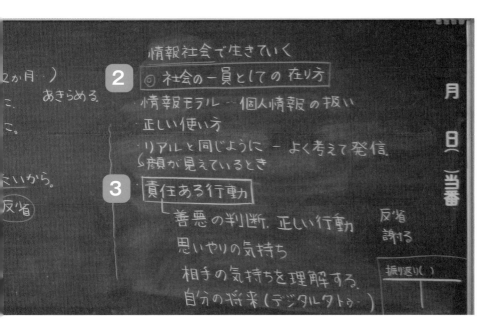

# なことだろう

**3**　さらに「情報社会における責任ある行動とはどのようなものだろう」と問い、グループや全体で意見交換させ、納得解の紡ぎとする。

T　情報社会において、責任ある行動とはどのようなものだろう。

C　正しい善悪の判断をして行動すること。

C　思いやりの気持ちで相手のことを考え、行動すること。

C　自分の行動を反省し、間違ったことをしてしまったらきちんと謝ること。

C　自分の行動が、相手にどう伝わったか理解すること。

### 次時へつなげるポイント

　終末の「振り返り」において、生徒が道徳ノートに書いた「自分が発信したことで誰かを傷つけることがないよう、これまで以上によく考え、責任ある行動をしていきたい」という考えを発表させ、その思いを全員で共有した。また、「ネット上のトラブルや犯罪は、なくなるのだろうか」という疑問を共有させるとともに、教師の説話を通して「私たちは社会の一員として多くの人との関わりの中で生きている」という自覚をもたせ、次時の学習へつながるようにした。

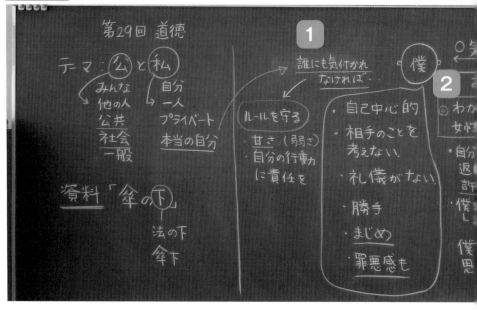

## 第2時 社会の一員として守るべきこと

**1** 学習テーマ「公と私」について自由に語らせる。教材の範読後、発表された内容をもとに、「僕」と「私」の人柄について考えさせる。

T 感想を自由に発表しよう。

C 女性は優しい人。「僕」の勝手な行動に気づいていたのに黙っていた。

T 「僕」についてはどうですか?

C 「僕」は自分勝手だ。でも、そうしてしまったことに共感もできる。

C 本当は真面目な人。罪悪感を感じているから。

C 誰も見ていなければルールを守らなくてもよいと思っている。

**2** 「僕」が黙って傘を借り、後日そっと戻したことについて、分かっていても黙っていた女性の行為についてどう思うか考えさせる。

C 「僕」は返してくれると信じていた。思いやりがある。

C 「僕」自身に自分の行動がよくないことを気づかせたかった。でも黙っていたことはよくないと思う。

T 自分が女性の立場なら、「僕」に声をかけますか?

C やっぱり黙っているかも。「僕」は女性が働く病院の患者なので。

C 「僕」は女性に謝るべきだと思う。

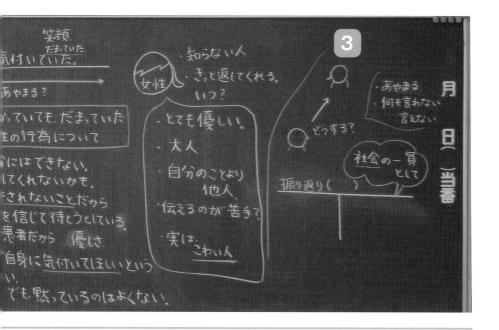

# とはなんだろう

**3** この後の行動についてロール
プレイを行わせる。社会の一員とし
て守るべきことについて考えさせ、
納得解の紡ぎとする。

T　この後、「僕」はどんな行動をとっ
たと思いますか？　実際にやってみ
よう。

C　女性を追いかけて謝る。

C　何もしない。このまま黙って自分の
中で反省することが、女性の思いを
受け止めることだと思うから。

T　最後に、今日の学習を振り返りな
がら、社会の一員として守るべきこ
とについての考えをノートに書きま
しょう。

### 次時へつなげるポイント

　教材名である「傘の下」の「下」
の読み方について質問した。生徒
たちは「もと」とも読めることで、
社会科で学習した「法の下」や「傘
下」という言葉を思い出していた。
これにより、常にルールを意識し
ながら、社会生活していくことの
大切さを改めて感じていた。そし
て、「将来は多くの人が仕事に就
くと思いますが、社会の一員とし
てよりよく生きていくために、ど
のようにしていけばよいか働くこ
ととの関わりで考えることは大切
ですね」と伝え、授業を終えた。

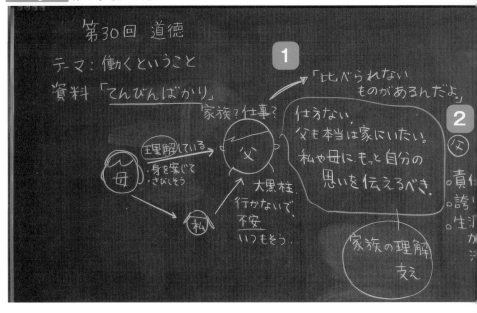

## 第3時 働いて社会貢献することはなぜ

### 1

父（鉄道員）・母・「私」について、3人の言動から、それぞれの思いや3人の関わりについて整理させたり考えさせたりする。

T 台風の晩、家族をおいて仕事に出かけてしまう父をどう思いますか。

C 仕方ない。仕事も大切。

C 残された母と「私」はとても不安。父には家族を優先してほしい。

T 母はそんな父をどう思っているのでしょうか。

C 本当は家にいてほしいと思っている。でも、仕事に出ていく父のことを母は理解しているから何も言わない。

### 2

父にとっての「仕事の意義」について考えさせ、人は働いて社会に貢献したい思いがあるという共通解を導く。

T 父の言葉からどんな思いを感じますか。

C 父は普段言葉に出さないが、家族を大切に思っている。でも、仕事も大切にしている。

T 父にとっての「仕事の意義」は何だろう。

C 家族の生活を支える。自分の生きがいでもある。

C 他人や社会のために役に立つこと。

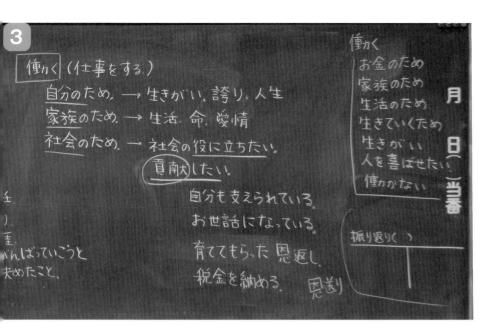

**3**

働く（仕事をする.）

自分のため. → 生きがい, 誇り, 人生
家族のため. → 生活. 命. 愛情
社会のため. → 社会の役に立ちたい.
　　　　　　　　貢献したい.

　　　　　自分も支えられている.
　　　　　お世話になっている.
　　　　　育ててもらった 恩返し.
　　　　　税金を納める.　　恩送り

（右側）
働く
お金のため
家族のため
生活のため
生きていくため
生きがい
人を喜ばせたい
働かない

振り返り（　）

（左側）
んばっていこうと
決めたこと.

月　日（　）当番

# 大切なのだろう

**3**　なぜ人は働いて社会に貢献したいと思うのか考える. 自分が将来働くことへの思いをまとめ, 納得解の紡ぎとする.

C　大人になったら, 社会や後輩のために働くのは当然のこと.

C　誰かの役に立っていると思うと, それが生きがいになる.

T　**将来, 働くときどんなことを大切にしていきたいですか.**

C　自分の仕事に責任をもち, 誇りをもって働いていきたい.

C　育ててもらった社会に感謝し, 恩返しできるようにしたい.

**授業を終えて**

　第3時の終末では, 教師の説話として「恩送り」について話した. ユニットの学習を通して, 多くの生徒が, 社会を支え貢献できる社会の一員になることに思いを寄せ, 将来の自分像について考えることができた. 間もなく卒業する生徒が社会の一員としての自覚をもち, 3年間積み上げてきた道徳の学習を生かしながら希望をもって将来の夢や生き方について語り, 豊かな人生を送ることができるよう, これからも道徳授業の充実に取り組んでいきたい.

157

[問い]

# 「誠実な他者との関わり」は、私たちに何が大切だと教えているのか

## ■ 実践のねらい

❶ 卒業を目前にして、受験に向けての協力などから普段の生活の中での理想とする他者との関わり方を考え、他者への感謝の思いとよりよい支援についての考え方を深める。

❷ 中学校での生活を振り返り、「支援の手を差し出す」ことと本当の思いやりとの兼ね合いを見つめ直し、真の思いやりとはどういうものかの考察を深める。

## ■ 「問い」と「構成」づくりのポイント

中学3年生の学年末は生徒が卒業を控え、クラスや他者との関わりを振り返る時期である。そこで生徒が「思いやり、感謝」という言葉からまずはじめに連想するのは、困難な時期での励ましや支えに対する思いであろう。そこで、第1時は困難な状況だからこそ気づける「思いやり」を取り上げ、人がもつ思いやり、支え合いとはどこから生まれるのかという問いを考えさせた。

第2時では、思いやりをより上質なものに昇華させるために、適正な支援を考えさせた。支援とは自分の「助けてあげたい、手伝ってあげ

たい」と感じる気持ちを優先するべきではなく、相手の力を信じ、本当に必要とされることを適切に支援することが大事ではないかと考えさせる。

第3時では、「真の仲間づくり、他者との関係づくりとは？」という問いについて、課題を抱えた少女との関わり方を通して、どうふるまい、何を大事にしていくべきなのかを考えていく。第2時までの、思いやりとは他者への温かい支援の気持ちであり、真に相手のことを慮る心であるという気づきを踏まえて本時を設定した。

## ■[ユニット]授業ストーリー

**使用教材** ①自作教材　②京都市教育委員会「道徳教材・指導案集―京都ゆかりの教材を用いて」　③東京書籍「新しい道徳3」

**第1時** 困難が教えてくれることはなんだろう？

> **主　題**「他者からの支援の手に気づき、感謝する」　　　　B(6)
> **内容項目** 思いやり、感謝　**提示教材**「不便なことは不幸なことか」（教材①）
>
> 第1時では、「他者への感謝」について、他者からの支援を感じることのない社会は幸せかという問いから考えを深める。社会では便利なことがよいという考えから、不便なことを不幸として捉えがちだが、便利であるがゆえに他者への感謝を感じなくなってはいないかを振り返らせ、他者の支援を感じる機会をもてることの大切さについて再認識させる。

**第2時** 他者を助けるのはどこまで？

> **主　題**「他者への支援の境界線を考える」　　　B(6)、B(7)
> **内容項目** 思いやり、礼儀　**提示教材**「門掃き」（教材②）
>
> 第2時では、「誰かを助ける」行為と「他者を尊重する」ということとの兼ね合いについて、京都のしきたりから考える。「他者に支援の手を差し伸べるとき、どこまでするべきか」という判断の難しさは常に存在する。判断の基準は相手と自分にとって、どうすればよりよく生きていることにつながるか、ということであり、その目的は真の思いやりや助け合いにつながる関係を築くことである。

（課題探求のプロセス）

**第3時** 真の仲間づくり、他者との関係づくりとは？

> **主　題**「周りの人に支えられて」（教材③）　　　　B(6)
> **内容項目** 思いやり、感謝　**提示教材**「埴生の宿」
>
> 第3時は「人と人の支え合い」について、中学校生活に即した教材から考えていく。「いいクラスにする」や「仲間を大切にする」ということは、生徒たちにとって身近なテーマではあるが、具体的にどう動くのか、ということはイメージできていないことが多い。ともすれば、行事での結果の善し悪しのような短絡的な考えに留まることもある。そこで、課題を抱えるクラスメイトへの支援を通して、本当にすばらしい人間関係の構築について考えを深める。

**自己の生き方についての考えの深まり**

## ■授業を通じて子どもが考えを深めていくための工夫

### 子どもの考えを深める教師の技

#### 数直線

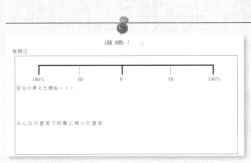

問いに対する自己の判断を意思表明する際、「はい」「いいえ」だけの二択ではなく、数直線を示し、その線上に賛否の度合いを示せるようにする。ワークシートだけでなく板書でも使用する。

#### ワークシートの「学びの整理」欄

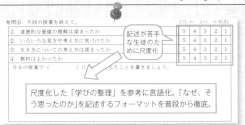

終末は、本時で学んだり考えたりしたことをワークシートで振り返る。まず、左図①〜④の「学びの整理」欄から本時の学びについて直感的に尺度化させ、そこから「なぜそう感じたのか」をその下の振り返り欄に言語化させる。その際に、本時の学習が何をねらって行われたかを再確認させる。

### ✒️指導のポイント

　ポイントは「思考の流れの視覚化」である。一時間の中で、すべての生徒が意見を表明することは困難なので、数直線上のどこにネームプレートを貼るかで自分の思いや考え、個性を示せるように工夫した。この技によって、生徒は他者の意見や傾向が視覚化されている板書を参考に、意見や葛藤の対立軸を見取り、より現実的な納得解を探っていくことも可能になる。

　またワークシートの「学びの整理」欄で、まず尺度化で振り返りを行い、記述が苦手な生徒でも数値によって意思を整理し、示させる。その上で、「なぜその尺度にしたのか」という理由を言語化させることが重要で、言葉化することで考えを深化させ、豊かな感性をもたせることができるようになる。

| Aさん | 課題探求のプロセス | Bさん |
|---|---|---|
| **[導入時の姿]** | | **[導入時の姿]** |
| 頭の回転が速い一方でなかなか人を慮ることができず、他者からの支援を感じ取れないためか、感謝の念をもつことが乏しい。 | | 他人を怖いと感じ、自分からは積極的に交流をもてない。自分に自信がなく、クラスから浮いているのでは、と馴染めていないと感じている。 |
| 改めて自己の受験での経験と照らし合わせることで、「自分が苦しいときに多くの心配をしてもらった」と周囲の配慮に気づき、他にも自分が気づかぬところで多くの助けをもらっているのではないか、と見直す機会になっていた。 | **第1時** | 自己肯定感の低さから、他人から自分は認められていないと感じていたが、ペアワークの交流で、自分の普段の教室内での貢献が認められていたことを知り、驚きと共に喜びを感じていた。互いに認める大事さを確認していた。 |
| 相手のことを思うからこそ、適切な支援の程度を考えなければならないという発想が想定外のものであったため、ペアワークでの意見交換も活発に行っていた。「助ける限界が相手を第一に考えて設定されるのは新鮮だった」と学びを振り返っていた。 | **第2時** | 他者への助力を申し出ること自体に臆する面があったが、相手の立場に置き換えて、「どこまでが相手のためか」を考えることで抵抗が減ったように感じたと振り返っていた。その見極めを心がけたいと記している。 |
| 「いいクラスって行事の結果だけで語られていたけど、この教材のクラスのほうが真のいいクラスだと思う」と記すなど、既成概念を上書きし、他者との関係は互いの温かい配慮と慮りによって生まれると感じたと発表し、積極的に交流していた。 | **第3時** | クラスでの行事参加の際、結果だけにこだわることに違和感をもち、それがクラスの団結とされることに疑問をもっていたため、教材中のクラスが一人のクラスメイトのために協力し、支え合おうとする姿に感銘を受けていた。 |
| **[変容した姿]** | | **[変容した姿]** |
| 今までは他者と一歩距離をとっていたが、周りの見えない支援に支えられていることを実感し、感謝の念をもって接するようになった。 | | クラスでも他者に対して心を開いて自己主張できるようになった。自分が認められることで他者に対しても積極的になれた。 |

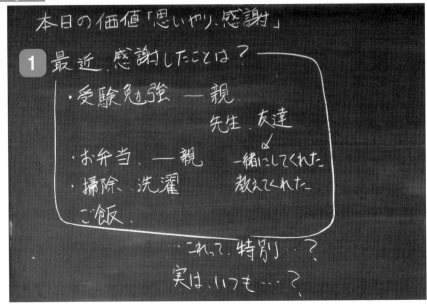

### 第1時 困難が教えてくれることはなん

**1**　受験を迎えたこの時期、「他者からの支援」を実感した場面を思い浮かばせ、感謝・思いやりを実感する手がかりとする。

T　最近、感謝した経験はありますか？

C　受験勉強で、体調管理も含めて、いつも母が心配してくれている。

C　友達が一緒に勉強してくれて、分からないところとか、相談できる。同じ悩みを共有してくれる人がいると思うだけで心強い。

C　先生が苦手としているところの補習など、合格できるように手伝ってくれている。

**2**　自作教材「不便なことは不幸なことか」を提示した後、チェコでの不便な生活だからこそ、気づくことのできる他者の恩恵を考える。

T　なぜチェコでの不便な生活が不幸ではないと筆者は考えたのでしょうか？

C　不便だからこそ、他人の親切を感じる機会が多く、うれしい気持ちになることが増えたから。

C　日本では気づかずに過ぎてしまう支援が、チェコでは目に見えるし、孤独を感じることが少ないから。

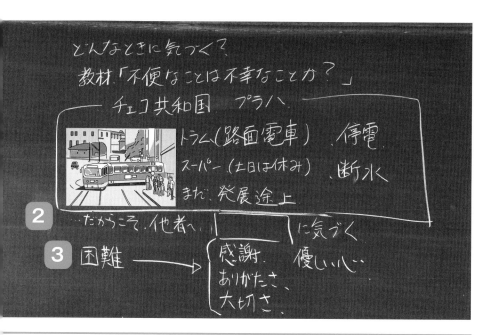

# だろう？

**3** 自分たちが普段気づかないだけで、多くの支援を受けて生きているということについて考える。きちんと意識すれば、支援を感じ取れることを実感する。

T あなたの身の回りで、普段気づかないけれど助けてもらっていることは何でしょうか？

C お弁当をいつも早起きしてつくってくれている。本当にありがたいと思う。

C いつも一緒にはいないけれど、学校を休んだときに、必ず「大丈夫？」と聞いてくれるAさん。とても気配りしてもらっていると感じる。

### 次時へつなげるポイント

　自分一人では克服するのが困難な状況だからこそ、他者の優しさや思いやりをより身近に感じられる自作教材を選択した。「たった一人の力だけで生きている人はいない」という言葉を知っていても、実感として感じたことのある中学生は少ないと思われる。他者の支援の温かさを実感できた人は、より幸せに生きることが可能になることを考えさせる。また、それならどこまで支援すべきなのかを次の時間までに考えさせる。

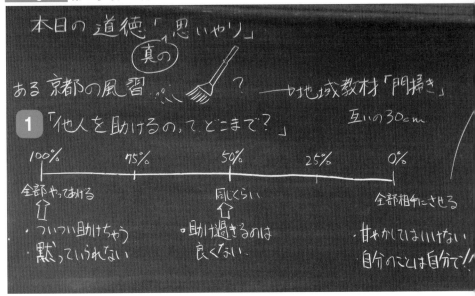

本日の 道徳「思いやり」
真の
ある 京都の風習　　？　──地域教材「門掃き」
互いの30cm

**1** 「他人を助けるの、て どこまで？」

100%　　75%　　50%　　25%　　0%

全部やってあげる　　　同じくらい　　　全部相手にさせる
・ついつい助けちゃう　　・助け過ぎるのは　　・甘やかしてはいけない
・黙っていられない　　　　良くない。　　　　自分のことは自分で！！

---

第2時 **他人を助けるのはどこまで？**

**1**　しきたりや風習・礼儀をきっかけに、「他者への支援」の境界線を思い浮かばせ、感謝・思いやりを実感する手がかりとする。

T　昔からのしきたりの「門掃き」で不思議に感じることはある？

C　なんでそれ以上掃除しちゃだめなんだろう。

C　お節介になるから。でも親切心だからやってあげるのは本当はいいのではないかな。

C　そもそもお互いが少しずつ掃くのはいらないのかな。でもそこには意味があるのかも。

**2**　地域教材「門掃き」を提示した後、「助け過ぎること」はなぜ戒められるのかを議論し、そこにある他者への配慮を考える。

T　なぜ助け過ぎるのはよくないとされているのでしょうか？

C　相手を一人の自立した人間として扱っていないことになるからかな。

C　何でもしてもらうと楽だけど、され過ぎると自分によくないのは分かる。

C　自分は、加藤さんがお向かいさんの家の前までやってあげる部分で本当に必要な人はきちんと助けるって納得した。

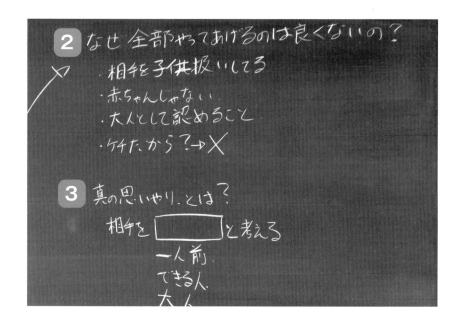

**3**　真の思いやりとはむやみやたらに助けることではなく、相手を一人の人間として認め、共助することと考え、理想的な形を議論する。

T　「真の思いやり」とは相手をどう考えることでしょうか？

C　一人前として、一人の意志をもった人として扱うことだと思う。

C　相手ができるという可能性をちゃんと信じて、任せてあげることなんだと感じました。

C　何でもやってしまえば、いつまでもできないままにしてしまうことなんだと分かりました。

次時へつなげるポイント

　京都独特のしきたりである「門掃き」を紹介することで、やり過ぎないバランスについて考えさせ、意見を交流する機会をもたせた。単なる親切心が思いやりではないという視点から、今までの行動を見直し、卒業にあたって、それぞれが自分でできることを支えてあげるのが思いやりなんだと考えることができた。しかし、何をどこまでやるのかという境界線をどのように引けばよいのかという課題の解決には至っていない。

本日の道徳・「埴生の宿」

**1** 「いつでも記憶に残るくらい
　　　良いクラスとは？ 」

- ・仲の良いクラス　　・いじめがない
- ・団結力のあるクラス　・結果を出す
- ・行事にがんばれる　　合唱コンクール金賞
- ・ノリが良い　　　　　・明るい

本当にこれで「最高」？

## 第3時 真の仲間づくり、他者との関係

**1**　卒業を目前に控えたこの時期、自分たちがどんな関係を築けたのか、また次にどんな集団を目指すべきかを考える。

T　いつまでも記憶に残るくらいよいクラスってどんなクラス？

C　みんなが仲よく過ごせているクラスだと思う。

C　一致団結して行事などにがんばれるクラス。

C　みんながノリがよく楽しく過ごせる集団がよい。

C　一人の弱い人もないがしろにしないで、考えられるクラス。

**2**　出た意見に対して、「本当にこれが最高か？」を問い、教材「埴生の宿」を提示した後、登場人物の心情を考えさせる。

T　なぜクラスのみんなは結果より、苑子と一緒に歌うことを選んだのだろうか？

C　充実感と、その方がクラスのみんなが楽しいと思えたから。

C　結果よりも大事なものがあるって思えて、それを大切にしたいと思ったから。

C　こっちの方がみんなにとって何より大事な結果だと思うから。

**2**

なぜクラスのみんなは結果より、一緒に
歌うことを選んだのか？

ex、全員リレー・球技大会　体操　？ →話合い.Time
　　→結果がほしいんじゃないのか？

完実感．結果より大切なもの．こっちの方が大事な結果

→花子はどんな気持ちになれただろう？

他者を大切にすること．＝自分を大切に思えること
　救う　　　　　　　　　　　救う

**3**　この経験が、クラスのみんなに残したのは何だろう？

他者への思いやり　→

# づくりとは？

**3**　ハンデのある他者を大切にすることは、困った自分を誰も見捨てないということであり、自分自身を大切にすることにつながると考える。

T　この経験がクラスのみんなに残したものは何だろうか？

C　自分が誰かの力になれたという喜びなのかと思いました。

C　その人が必要な場面に必要な行動で支えてあげられた記憶。きっと自分自身を誇りに感じると思います。

C　迷い。その人の負担にならない境界線はやっぱり難しいと思う。

### 授業を終えて

　授業が進むにつれ、それぞれの内容項目を内包しつつ、他者を思いやることの意義がより広がり、生き方を見つめることができる構成を目指した。

　思いやりの心は単に相手を労わったり、憐れんだりすることではなく、そこに相手への人間尊重や理解と共感が必要である。

　クラスや集団の一体感を目に見えるもので求めると、そこに勝利至上主義や立場の弱いものを排他的に考える感情が入り込んでしまう。必要なのは丸ごと相手を認め、受容する心と相手への感謝だと知る。

[問い]

# みんなが仲よく生活するために大切なことはなんだろう

## ■ 実践のねらい

❶日常生活で、みんなが仲よく生活していくためには、どのような思いで行動を選択していくことができるか考えを深め、自分で行動していこうとする実践意欲をはぐくむ。

❷さまざまな場面を想像しながら自分の思いを言葉にして、仲間の考えを聞きながらイメージを膨らませることで、相手のことを考えて行動を選択していこうとする態度を養う。

## ■「問い」と「構成」づくりのポイント

特別支援教育を考える上で、子どもたちが日常生活や学習場面で困っていることを改善・克服するために学習する自立活動は大変重要である。本ユニットは道徳科授業を自立活動の指導との関連を図って構成した。

子どもたちが将来社会で生活することを考えると、人と人との関わりは切っても切り離すことのできないものである。そこで自立活動の指導内容にある「人間関係の形成」を取り上げた。日常のあらゆる場面において他者と気持ちよく生活していくためには、「気づき、判断し、行動

選択できる力を養う」ことが重要である。

本実践では「仲よく生活するために大切なこと」を考えることを通して、「自分」という視点から「他者」の視点へと広く考えることができるようにユニットを構成した。第1時では、他者との関わりの第一歩であるあいさつを考える。第2時では、他者のことを考えた思いやりを考える。そして第3時に、学級という広い視野での他者との関わりにつなげていく。自分のことを中心に考えがちな子どもたちに、周囲の仲間のことを考える力をつけさせたい。

# ■[ユニット] 授業ストーリー

**使用教科書** 東京書籍「新しい道徳　1」

**第1時** どんなあいさつが相手をうれしい気持ちにさせるのだろう？

> **主　題** 「あいさつを交わして」　　　　　　　　　　　　　　B(7)
>
> **内容項目** 礼儀　　**提示教材** 「朝市の『おはようございます』」
>
> 第1時では日常的に当たり前のこととして行っているあいさつを取り上げる。教材にある気持ちのよいあいさつに触れた作者の感動を通して、他者との関わりにおけるあいさつがもつ意義についてじっくりと考える機会としたい。普段は何気なく行っているあいさつだが、されるとどんな気持ちになるのかに着目することで「自分」という視点から「他者」という視点に気づかせたい。

**第2時** どんな思いやりが相手をうれしい気持ちにさせるのだろう？

**課題探求のプロセス**

> **主　題** 「その人が本当に望んでいること」　　　　　　　　B(6)
>
> **内容項目** 思いやり、感謝　　**提示教材** 「思いやりの日々」
>
> 生徒たちは思いやりが大切であるということは理解している。しかし、それは自分からの一方的な思いであることも多い。前時で着目した「されるとどんな気持ちになるのか」の視点で考えることで、相手の気持ちに寄り添った行動について深く考えさせる。一方通行の思いでなく互いに思いやることを考えることで、「自分」という視点だけではなく「他者」という視点につなげていく。

**第3時** みんなで力を合わせるにはどうすればよいだろう？

> **主　題** 「よりよいクラス活動を目指して」　　　　　　　　C(15)
>
> **内容項目** よりよい学校生活、集団生活の充実　　**提示教材** 「全校一を目指して」
>
> 前時まで「自分」と「他者」との関係にとって大切なことについて考えを深めた。その考えを集団に広げていく。自分の気持ちと相手の気持ち、集団の考えがある中で、それぞれに役割や責任を感じ取り仲よく活動していくには何を大切にしていくとよいのかを考え、「他者」との関わりの中で「自分」はどのような生活を送っていくかという視点で考えを深める。

> ## 自己の生き方についての考えの深まり

## ■授業を通じて子どもが考えを深めていくための工夫

### 子どもの考えを深める教師の技

### 心情を視覚化する表情絵

生徒たちで作成したさまざまな表情絵を活用する。心情を視覚化することでイメージを膨らませやすくする。

### ユニットでの学習成果が並ぶワークシートの統一

ユニットでの学習の記録を1枚のワークシートにまとめ、自分の考えを振り返り、深めるための資料とする。教師は、このユニットでの生徒の学びの足跡が記されたワークシートを評価材料とする。

### 考えるポイントを示す映像

教材における考えるポイントをつかみやすいよう、事前に教師が登場人物になって演じた映像を作成して活用する。生徒にとって身近な教師が演じることで、興味をもたせ、考えるポイントを示すことができる。

※左図内の名前は登場人物のもの

## ✎指導のポイント

　特別支援学級の生徒の考えを明らかにするためには、それぞれの生徒の特性に応じて対応していく必要がある。なかなか感情を表現できない生徒には、視覚的に判断できる表情絵カードを活用し心情の把握につなげていく。自分の考えを言葉にすることが苦手な生徒には、口答から拾い上げて言葉をつなぐこともできる。あらかじめ予想できるいくつかの考えをカードにまとめて、どの考えが自分の気持ちに近いか選択させることも可能である。

　まずは教材の内容理解のために、視覚に訴えるものを映像や拡大した挿絵等で示し、生徒にイメージをもたせることで考えをより深めていくことが大切なポイントになろう。

| Aさん | 課題探求のプロセス | Bさん |
|---|---|---|
| [導入時の姿] | | [導入時の姿] |
| 相手の表情や様子を気にすることなく一方的に話すことが多い。話し始めると止まらず、相手の意見を聞くことなく話し続ける。 | | 話を耳で聞くだけではなかなか状況や内容が理解できない。物事を把握することや文字を書くことに時間を要する。 |
| 友達の意見を聞き「相手の目を見てはっきりとあいさつをすると幸せな気持ちになる」と感じ、その後実際にあいさつをしてみることから、うれしいという気持ちを実感として感じて、その思いを発表していた。 | 第1時 | 最初に挿絵を掲示して視覚に訴えることにより、場面の状況や登場人物の表情から内容を把握することができた。ホワイトボードを活用し、言葉を書き消しやすいようにすると、自分の言葉を文字にまとめることができた。 |
| 授業のはじめに「思いやりについては、言葉は知っているけど説明は難しい」と話していたが、授業後には思いやりについて「自分も相手もうれしい気持ちになるようにすること」と自分の言葉で答えられるようになっていた。 | 第2時 | 心情を考える場面では、挿絵の表情をじっくり見ながら表情絵も活用し、自分のもつイメージを視覚化することで、「うれしい」や「悲しい」など、自分でカードを選び、カードに表現された感情を自分の言葉で表現できた。 |
| 教材にあるクラスの問題を理解し、最後の振り返りでは「問題の解決のためには、自分と友達で進んで取り組むことや、みんなに喜んでもらうことが大切。協力していろんなことに取り組みたい」と自分の考えを発表した。 | 第3時 | 場面に即した映像を流してから始めると興味をもって注目することができた。また、登場人物や状況などをしっかり把握し、実際に学級のこととして自分の意見を発表するなど、前向きに考えようとする姿勢が見られた。 |
| [変容した姿] | | [変容した姿] |
| みんなが仲よく生活するためには「笑顔になるようにしてあげた方がいい」と発表し、「みんなでがんばろう」と声をかける姿が増えた。 | | 普段あまり積極的に発表することが少なかったが、実際に演じる際には進んで取り組むなど、自分の言葉で伝えるようになった。 |

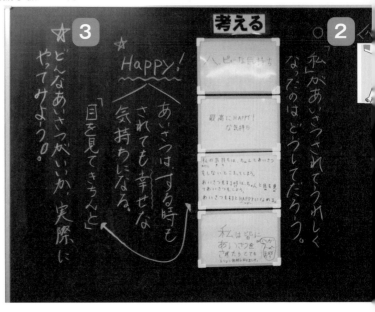

# どんなあいさつが相手をうれし

**1**　あいさつしている場面を思い出し、あいさつするときはどんな気持ちかに注目することで自分の気持ちに気づけるようにする。

T　普段どんなときにあいさつしていますか？

C　朝、学校に来たときとか地域の方とか住民の方に会ったとき。

T　**あいさつをしたときはどんな気持ちになりますか？**

C　元気になる。元気がわきでる。

C　うれしい気持ちになる。

C　地域の方にはちょっと恥ずかしい。

C　挨拶しても返されないと悲しい。

**2**　教材の「私」が旅先であいさつされてうれしくなった気持ちを考え、あいさつされる側の気持ちを考えられるようにする。

T　あいさつを受けた「私」はどうしてうれしくなったのでしょう。

C　あいさつされて、心が落ち着いたのかもしれない。

C　自然と心がハッピーになった。

T　**どうして自然とハッピーになったのだろう。**

C　丁寧にあいさつされたから。

C　目が合ってうれしくなったのかも。

C　うれしい気持ちばっかりになった。

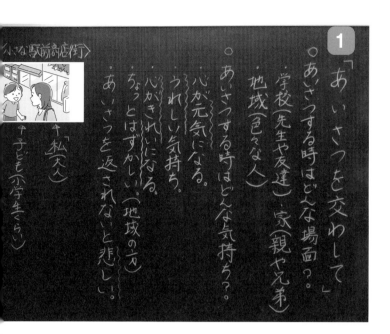

「あいさつを交わして」

○あいさつする時はどんな場面？。
　・学校（先生や友達）・家（親やきょうだい）
　・地域（色々な人）

○あいさつする時はどんな気持ち？。
　・心が元気になる。
　・うれしい気持ち。
　・心がきれいになる。
　・ちょっとはずかしい。（地域の人）
　・あいさつを返されないと悲しい。

〈小さな駅前商店街〉
↑「私（大人）
↑子ども（小学生くらい）

# い気持ちにさせるのだろう？

**3** 実際にあいさつを交わして、あいさつされたときの気持ちや、あいさつを見ている側がどう感じたか、それぞれの思いを共有する。

T　あいさつされてどんな気持ちになりましたか。

C　目が合って安心した。

C　なんだかうれしい気持ちになった。

T　あいさつを見ていて、みんなはどう思いましたか。

C　礼儀がとてもしっかりしていて見ていていい気持ちになった。

C　二人とも笑顔になっていていいなと思いました。

## 次時へつなげるポイント

個で考えた意見を全体で深める時間、動作化することで気づかせる時間を大切にして、「自分」という視点だけではなく、「他者」という視点に気づかせる。

★本時に実施した個別の支援

・教材を目で追えない生徒には、介添員等が文章を指し示す。

・発表用ボードに、生徒に応じた分量の言葉をまとめる。黒板への掲示や、前での発表など、生徒の動きも生まれる。視覚的にも黒板に注目しやすくなる。

・文字を書くことを苦手としている生徒には口頭で答えさせる。

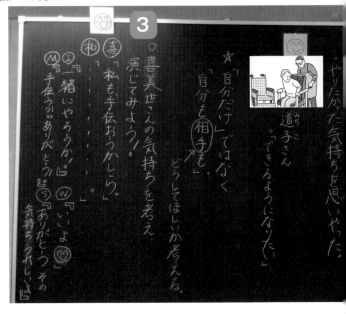

## 第2時 どんな思いやりが相手をうれし

**1** 「思いやり」がどういうことかを思い浮かばせることで、現段階での価値に対する自分の考えを知る手がかりとする。

T 思いやりってなんだろう？
C 手伝うとか手伝ってもらうとか。
C 誰かを思う気持ち。
C よく分からないけど優しくすることかもしれない。
T 思いやりからイメージできる表情をみんなで考えてみよう。（喜怒哀楽の各表情絵を提示）
C 怒っている顔は違うと思う。
C 笑顔が思いやりのイメージかな。

**2** 教材の後悔する場面で、後悔の理由を考えることで、相手の気持ちを大切にすることも必要であることに注目させる。

T 後悔からどんな表情がイメージできるか考えてみよう。（思いやり同様、表情絵の提示）
C 笑顔は違うと思う。
C 「哀しい」と「困っている」が混ざった感じの顔。
T ではなぜ和威さんは後悔しているのでしょう。
C 全部やると言ってしまったこと。
C 喜美世さんの気持ちを考えた。

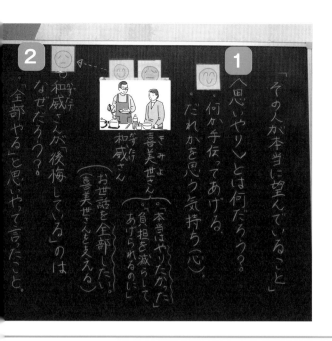

# い気持ちにさせるのだろう？

**3** 教材の後悔する場面で、どういう言葉を伝えたら、相手がうれしい気持ちになるか考え、実際に動作化して感じ取らせる。

T どんな言葉をかけたらいいのか考えてやってみよう（前でイラストと同様の場面設定）。

（実際に演じてみての感想）

C とてもうれしい気持ちになった。

C 優しい気持ちにもなった。

T なんでうれしくなったのでしょう。

C 本当はやりたかったから。

C きっと旦那さんの負担も減してあげられると思ったと思う。

## 次時へつなげるポイント

後悔という言葉に注目させ、言葉に込められた気持ちや、どうすればその気持ちが変化するのかを考えることで、「自分」という視点だけではなく、「他者」という視点へと考えを広げさせる。

★本時に実施した個別の支援

・教材を目で追えない生徒には、介添員等が文章を指し示す。

・登場人物の心情を表す表情カードを示すことで、視覚的に気持ちの変化を捉えやすいようにする。必要に応じて生徒個別にも使用して、個人の考えをまとめる手助けとする。

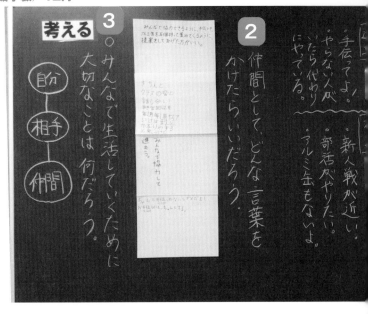

## 第3時 みんなで力を合わせるにはどう

<table>
<tr><td>

**1** 学級会での様子を思い浮かべやすいよう、実際に参加しているような状況をつくり、学級みんなのこととして捉え考える。

</td><td>

**2** 一緒に活動できていない仲間にどう声をかけるか考えることで、みんなで活動していく大切さに気づく場面とする。

</td></tr>
</table>

| | |
|---|---|
| T （あらかじめ学級会を模して撮影しておいた映像を見せる）みんなは賛成ですか、反対ですか？ | T みんなは1年C組の一員です。仲間にどんな言葉をかけますか。 |
| C ぼくは賛成。 | C 「みんなで協力して進もう」。 |
| T 毎週5個持ってこられる？ | T 自分一人ががんばるのは違うのかな？ |
| C 毎週は無理かもしれない。 | C クラスで決めた目標だから協力した方がいいと思う。 |
| C 私も無理かな。 | C もう一度提案するのもいいと思う。また協力できると思う。 |
| C 持ってこられるようにがんばる。 | C みんなが笑顔になるように。 |
| T では賛成か反対か手を挙げてください。 | |

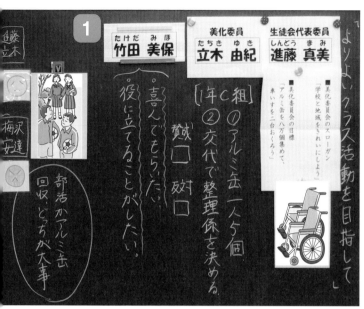

※板書内の名前は教材の登場人物のもの

# すればよいだろう？

**3** がんばっている仲間がいることに注目した上で、みんなで活動していくために大切なことを発表し合い考えを共有する。

T 竹田さんはなぜがんばることができるのでしょう。

C 喜んでもらいたいから。

T ではみんなで活動するために大切なことはなんだろう。

C 誰かを思う気持ちかな。

T それはどんな気持ちだろう。

C ハッピーになれる気持ち。

C みんながうれしい気持ちになるようにすればいいと思う。

## 授業を終えて

「自分」という視点を「他者」という視点に切り替えることで、生徒の考えが大きく広がった。授業が進むにしたがって、生徒の言葉が自然に相手を思う優しい言葉に変わっていったことが、強く印象に残った。

★本時に実施した個別の支援

・考えるポイントをつかみやすいように事前に撮影した映像を流す。

・発表の場面では、自分で書ける生徒は自分の考えを、うまく表現できない生徒には、予想される考えを提示し、自分の考えに近いものを選択できるようにする。

# あとがき

　令和3年度より、中学校では道徳科改訂教科書の使用が始まります。「特別の教科　道徳」がスタートするにあたり、道徳科教科書と道徳学習評価の導入も同時に進行しました。その道徳科教科書編纂に初めて携わったときの感動を、著者は未だに忘れることができません。それまでの道徳副読本とは違う道徳科教科書、学習指導要領に則って編纂し、なおかつ教科書検定を受け、さらに教科書採択手続きを経て生徒たちの手に届けるという一連の感動を味わいました。そのときに去来したのは、「道徳指導上の特質によるただし書きの諸事情から特別とつくものの、これでようやく他教科同様に簡単には無視できない教科教育学の1分野として認められたのだなあ」という感慨です。

　道徳科が他教科同様に教科教育学の一角に位置づけられることは、とても大きな変化です。なぜなら、道徳科教育学として成立するためには、社会科学的な視点から道徳教育内容学と道徳教育方法学の両面から体系化、組織化を図っていかなければならないということを意味しますから、心情重視型道徳授業から社会科学的な知見に裏打ちされた論理的思考型の道徳科授業をイメージしていかなければならなくなったことを物語っているからです。このような道徳科教育学という理論的発想はまだ端緒に就いたばかりですが、これから一つ一つの理論構築とそれを裏づける教育実践を積み重ねていくことで、いずれは大きく開花するものと考えます。

　本書で提案した3つの道徳科授業理論、①「課題探求型道徳科授業」、②「パッケージ型ユニット」、③「グループ・モデレーション」は、これから未来へと発展し続ける道徳科教育学への一里塚であると考えています。わが国の道徳教育が道徳科への移行転換によってますます充実・発展することを祈念し、「あとがき」と致します。

令和3年6月吉日　編著者記す

**田沼　茂紀**（たぬま　しげき）
國學院大學人間開発学部初等教育学科教授

新潟県生まれ。上越教育大学大学院学校教育研究科修了。専攻は道徳教育学、教育カリキュラム論。

川崎市公立学校教諭を経て高知大学教育学部助教授、同学部教授、同学部附属教育実践総合センター長。2009年より國學院大學人間開発学部教授。同人間開発学部長を経て現職。日本道徳教育学会理事、日本道徳教育方法学会理事、日本道徳教育学会神奈川支部長。

〔主な単著〕『表現構想論で展開する道徳授業』1994年、『子どもの価値意識を育む』1999年、『再考－田島体験学校』2002年（いずれも川崎教育文化研究所刊）、『人間力を育む道徳教育の理論と方法』2011年、『豊かな学びを育む教育課程の理論と方法』2012年、『心の教育と特別活動』2013年、『道徳科で育む21世紀型道徳力』2016年、『未来を拓く力を育む特別活動』2018年、『学校教育学の理論と展開』2019年（いずれも北樹出版刊）。

## 問いで紡ぐ中学校道徳科授業づくり
### 学びのストーリーで「自分ごと」の道徳学びを生み出す

2021（令和3）年7月1日　初版第1刷発行

編著者……田沼茂紀
発行者……錦織圭之介
発行所……株式会社 東洋館出版社
　　　　　〒113-0021　東京都文京区本駒込5-16-7
　　　　　営業部　TEL 03-3823-9206／FAX 03-3823-9208
　　　　　編集部　TEL 03-3823-9207／FAX 03-3823-9209
　　　　　振替　　00180-7-96823
　　　　　URL　http://www.toyokan.co.jp
装丁………中濱健治
印刷………製本：藤原印刷株式会社

ISBN978-4-491-04376-0　　　Printed in Japan